Début d'une série de documents
en couleur

Couverture inférieure manquante

Y A-T-IL

UNE

ÉCONOMIE POLITIQUE

CHRÉTIENNE

ET QUELS SONT SES PRINCIPES?

PAR

L'Abbé Elie BLANC

Chanoine honoraire de Valence
Professeur de philosophie aux Facultés catholiques de Lyon

———

(Extrait de l'UNIVERSITÉ CATHOLIQUE)

LYON	PARIS
EMMANUEL VITTE	JULES VIC ET AMAT
LIBRAIRE-ÉDITEUR	ÉDITEURS
3 et 5, place Bellecour	11, rue Cassette

1894

Fin d'une série de documents
en couleur

Y A-T-IL

UNE

ÉCONOMIE POLITIQUE CHRÉTIENNE

ET QUELS SONT SES PRINCIPES ?

———

La question proposée ici peut paraître délicate, sinon en elle-même, du moins à cause des malentendus qui l'ont obscurcie. Elle touche de si près à la question sociale, qui passionne tant d'esprits (1) et divise, hélas! trop souvent, les meilleurs catholiques, alors cependant qu'ils ne pourront la résoudre qu'en s'unissant loyalement et de grand cœur! Mais notre désir de la paix ne doit pas nous fermer la bouche sur ce sujet épineux; car l'union qui nous est nécessaire, ne sera durable et efficace qu'à la condition de ne point reposer sur des équivoques ou des erreurs. Avant tout, il faut donc chercher à éclairer nos esprits et à les unir dans la vérité. Alors seulement l'unité d'action sera possible et féconde.

C'est pourquoi nous aborderons ici la question posée en commençant. Certes notre prétention n'est pas de la ré-soudre avec des preuves si fortes que les contradicteurs, s'il en est, soient contraints de se rendre sans condition : plu-

(1) « Il n'est pas de cause, constate Léon XIII, qui saisisse en ce moment l'esprit humain avec autant de véhémence. » (Encycl.)

tôt que de les convaincre, nous aimerions mieux les persuader. En tout cas, il doit nous suffire de traiter la question sincèrement, avec toute la clarté possible, dans l'unique désir de servir la cause de la vérité chrétienne. Si, malgré nos scrupules, il nous arrive de manquer nous-même quelque peu à la vérité, nous retirons d'avance ce qui nous aurait échappé d'inexact : mais si nos affirmations sont vraies, nous prions qu'on les accueille avec bienveillance; si elles sont douteuses, nous prions qu'on les tolère, comme nous tolérons nous-même toutes les opinions respectables que nous ne partageons pas.

Et maintenant, sans plus tarder, abordons franchement la première partie de la question proposée : *Y a-t-il une économie politique chrétienne ?*

I

SOMMAIRE : Première réponse : toutes les connaissances humaines sont chrétiennes de quelque manière; elles doivent être au service de la foi — Sciences indépendantes par leur nature — Un mot des arts religieux, des lettres chrétiennes — L'économie politique et la médecine. Le soin des malades est éminemment chrétien de sa nature. Le parfait médecin doit être chrétien. Un mot des facultés catholiques de médecine — Indépendance de la médecine comme science naturelle — L'économie politique, au contraire, est fondée sur la morale — Les prétendues lois naturelles de l'économie politique. Equivoques à dissiper — L'économie politique et le droit. Le droit est exclusivement moral. L'économie politique a d'autres bases encore que la morale — Services indispensables que rend ici à l'économie politique la philosophie, science des principes et des méthodes. L'abus de la méthode expérimentale — Pourquoi Aristote a-t-il été esclavagiste et socialiste — Le christianisme et les réformes à espérer — Caractère complexe de l'économie politique, placée entre les sciences purement morales et les sciences naturelles.

A coup sûr, si l'économie politique est une science naturelle à la façon de la chimie, de la physique, de l'astronomie, il n'y a pas, à proprement parler, d'économie politique chrétienne. Il est vrai que toute science humaine appartient de quelque manière à l'Eglise, qui a le droit strict de l'enseigner; et l'existence même des Universités catholiques en France et dans toute la chrétienté, est la haute affirmation de ce droit d'enseignement, droit divin et imprescriptible : *Euntes docete.* Toutes les connaissances humaines, en effet, intéressent la foi de près ou de loin : elles servent à l'honorer et à la défendre, quand elles ne la combattent pas ; elles sont appelées à glorifier Dieu, leur premier Auteur, dont elles comptent tous les attributs et dont elles suivent pas à pas tous les vestiges d'un bout à l'autre de l'univers ; elles invitent l'esprit humain à reconnaître la Cause suprême, le souverain législateur de la nature et à faire monter vers lui l'hommage de l'admiration et de l'amour. A cet égard, toutes les sciences font escorte à la théologie : elles en sont les auxiliaires ; avec elle, elles relient la pensée humaine au foyer vivant de toute vérité et de tout bien : *Omnes cognitiones famulantur theologiæ,* disait S. Bonaventure, c'est-à-dire : « Toutes les connaissances sont au service de la théologie ». Elles sont par là même au service de la foi : *elles sont donc chrétiennes.*

Mais cette première réponse, d'ailleurs si sûre et si importante, ne nous suffit pas. En effet, nous voyons bien comment le savant et l'artiste doivent s'attacher toujours à glorifier le Maître et l'Artiste souverain, comment ils doivent mettre au service de Dieu et de son Eglise leur savoir, leur talent et, mieux encore, leur génie ; mais il faut convenir cependant que, dans bien des cas, c'est le savant ou l'artiste qui est chrétien plutôt que la science dont il s'occupe, l'art ou la profession qu'il exerce. En d'autres termes, il y a des connaissances qui sont moins chrétiennes par elles-mêmes que par leur destination, par l'emploi qu'en doivent faire ceux qui les possèdent. Telles sont la chimie, la physique, l'astronomie, et, en général, les sciences naturelles et les arts profanes. On peut y exceller sans être chrétien, bien que le christianisme contribue au progrès de toutes les connaissances et qu'on puisse soutenir que, sans lui, il n'y aurait pas de civilisation, et que, par conséquent, la chimie n'aurait pas eu son Lavoisier, ni la physique son Ampère, ni l'astronomie ses Képler et ses Newton.

Les liens de ces connaissances avec la foi, quelque forts

qu'ils soient, sont donc extérieurs, ou du moins indirects.
En effet, ces connaissances ne prennent pour principes
propres aucune des conclusions de la morale chrétienne ou
de la théologie. Elles sont indépendantes, sous ce rapport.
Sans doute, on les cultivera avec plus de fruit, toutes choses
égales d'ailleurs, si l'esprit est éclairé des lumières de la
foi; mais enfin il reste qu'aucune science religieuse ne les
fonde, en leur donnant leurs principes, et qu'on peut dès
lors les cultiver sans tomber dans l'absurde alors même
qu'on rejette les principes du christianisme. On peut donc,
théoriquement, être impeccable en chimie, en physique, en
astronomie, sans être chrétien ; et, à cet égard, il faut dire
que ces sciences ne sont ni catholiques ni protestantes, ni
déistes ni athées.

Maintenant les autres connaissances sont-elles aussi in-
différentes? — Non, certes; mais, dans la mesure précise
où elles touchent à l'homme et intéressent l'âme, elles dépendent de la morale et partant de la foi chrétienne. Même
les arts les plus profanes de leur nature deviennent religieux par ce contact avec la nature humaine et leur rapport
avec l'idéal : nous voulons parler des beaux-arts et des
belles-lettres. Et il y aurait une belle cause à plaider ici :
ce serait de montrer que la peinture, la sculpture, la musique, les lettres ont été renouvelées par le christianisme
et ont pris, sur son berceau, un nouvel et splendide essor.
On verrait qu'elles pèchent contre elles-mêmes, c'est-à-dire
contre l'esthétique ou les lois du beau toutes les fois qu'elles
offensent la morale ou l'idée chrétienne, à laquelle elles
doivent leurs plus belles inspirations. C'est donc en toute
vérité qu'il y a des arts *religieux*, une musique *sacrée*, des
lettres *chrétiennes*.

Mais ce serait nous égarer, que de nous laisser tenter
maintenant par ce sujet. Revenons donc à l'économie politique. Elle touche à l'homme, à la société, par conséquent
à la morale. Elle n'est donc pas aussi indépendante de la foi
chrétienne que les sciences naturelles. Mais cela suffira-t-il
pour qu'il y ait une économie politique chrétienne? Considérons les choses de plus près et procédons par comparaison.

Il y a une science vaste et importante, qui étudie dans tous ses détails organiques la partie sensible et mortelle de l'homme : la *médecine*. Elle n'est pas étrangère à la morale chrétienne : disons même tout de suite qu'il ne tient qu'à elle d'être l'auxiliaire puissante de la charité. C'est même par cette sublime vocation qu'elle a été, depuis l'ère chrétienne, si grande et si honorée. Le paganisme, en se servant d'elle, ne lui accordait pas tant d'égards. Cette science a donc quelque droit à la qualification de chrétienne. Il est incontestable, en effet, que le médecin chrétien s'inspire de motifs plus élevés, et s'impose des devoirs plus étroits que celui qui ne l'est pas. Il ne saurait oublier que le patient qui lui demande la santé ou quelque soulagement est son frère en Jésus-Christ ; que dis-je ? est un membre souffrant de Jésus-Christ lui-même. Dans ce corps endolori, peut-être sous ces plaies béantes, au plus profond de ces organes usés ou affaiblis, derrière cette flamme vacillante de la vie corporelle prête à s'éteindre dans un dernier battement du cœur et un dernier soupir, il y a une âme immortelle, créée à l'image de Dieu. Et qu'importe ici que les désordres de la maladie aient troublé la raison du moribond ou de l'infirme ! Parmi ces ruines lamentables, involontaires ou coupables, la personne humaine n'en subsiste pas moins, avec tous ses droits : il la respectera donc toujours, même sous les traits bouleversés par la démence, même sous le masque hideux appliqué par le vice. Car si la victime des passions a manqué à tous ses devoirs, celui qui lui porte secours ne doit en être que plus inviolablement attaché aux siens. Aussi le médecin chrétien ne verra jamais dans ses malades de simples sujets d'expérience ; il ne tentera point des essais odieux ; il n'absoudra point des pratiques révoltantes, des procédés homicides, qui ne trouvent leur place que dans certaines cliniques, dans certains hospices d'où l'on a banni le divin Crucifié et où le matérialisme a fait irruption, traînant à sa suite, avec la négation de l'âme, le mépris de l'homme. Car nous savons trop bien aujourd'hui ce que deviennent l'assistance publique et la philanthropie qui insultent à l'idée chrétienne (1).

Le soin des malades doit s'inspirer autant que possible
des vertus surnaturelles : il est difficile d'y exceller sans
croyances religieuses et sans la grâce de Dieu. Voilà pourquoi on ne peut créer des hospices neutres qui soient
dignes des infortunés qui les habitent; et les tristes faits
qui se sont multipliés dans les hôpitaux laïcisés de Paris
ou d'ailleurs ne nous donnent pas le démenti. L'*Hôtel-
Dieu*, si bien nommé par nos pères, change de face et
d'esprit en perdant son hôte divin. Lui parti, c'en est fait
de la consolation intarissable qui descendait de sa croix,
de ses plaies, de son cœur, comme une rosée bienfaisante;
l'asile de la douleur et de l'espérance, le vestibule du ciel
s'est changé en prison ou, pis encore, en lieu de torture et
de désespoir. C'est ici qu'on expérimente mieux que partout ailleurs la nécessité pratique de la foi, de l'espérance
et de la charité; c'est ici que l'Eglise, avec ces trois armes
célestes, triomphe de tous ses adversaires; elle est sans
rivale sur ce champ de bataille de la bienfaisance, comme
l'attestent tant d'œuvres et de congrégations hospitalières (2);
nul n'a pansé plus de plaies, nul n'a endormi tant de douleurs, nul n'a séché tant de larmes. Le soin des malades
est donc éminemment chrétien de sa nature.

Or, tout ce que nous disons du soin des malades en

(1) « Il est sans doute un certain nombre d'hommes aujourd'hui
qui, fidèles échos des païens d'autrefois, en viennent jusqu'à se faire
même d'une charité aussi merveilleuse une arme pour attaquer
l'Eglise; et l'on a vu une bienfaisance établie par les lois civiles, se
substituer à la charité chrétienne; mais cette charité, qui se voue
tout entière et sans arrière-pensée à l'utilité du prochain, ne peut
être suppléée par aucune industrie humaine. L'Eglise seule possède
cette vertu, parce qu'on ne la puise que dans le cœur sacré de
Jésus-Christ, et que c'est errer loin de Jésus-Christ que d'être éloigné de son Eglise. » (Encycl. *Rerum novarum*.)

(2) « L'Eglise, en outre, pourvoit encore directement au bonheur
des classes déshéritées par la fondation et le soutien d'institutions
qu'elle estime propres à soulager leur misère; et même en ce genre
de bienfaits elle a tellement excellé, que ses propres ennemis ont fait
son éloge ». (Encycl.)

général s'applique de quelque manière à l'art de la médecine. Il n'est pas admissible que le médecin ne soit tenu,
au chevet de ses malades, qu'à faire œuvre de science
et d'art. Sans doute, il doit être savant, c'est là son premier devoir et rien n'excuserait son ignorance ; mais, en
outre, il doit être humain, compatissant, secourable et,
pour tout dire en un mot, *le parfait médecin doit être chrétien.*

Ces brèves considérations nous expliquent déjà pourquoi NN. SS. les évêques, en fondant les universités catholiques de France, se sont vivement préoccupés des
facultés de médecine ; au point que les facultés catholiques
de médecine auraient été peut-être les premières à naître et
à se développer au sein de nos universités libres, si les
dépenses exceptionnelles exigées par leur établissement
n'avaient pas semblé d'abord un obstacle insurmontable.
Néanmoins les catholiques du Nord, il faut le dire à leur
gloire, ne se laissèrent pas arrêter un instant par cette
impossibilité apparente ; et la faculté catholique de médecine de Lille a déjà formé des centaines de médecins
chrétiens, qu'elle a dispersés comme une semence de choix
dans toute la France et même dans toute la chrétienté.
On peut espérer que la ville de Lyon, si renommée pour
ses établissements hospitaliers et foyer religieux qui
rayonne, on peut le dire, dans le monde entier, pourra
suivre de près de si beaux exemples et disputer même le
premier rang.

Mais il peut paraître au lecteur que ces remarques, qui
se présentaient d'ailleurs assez naturellement, nous dé-
tournent de notre sujet. Qu'il ne le croie pas cependant ;
car, si nous nous attachons à montrer par toutes ces considérations combien la médecine peut mériter le titre de
chrétienne, c'est pour ajouter aussitôt que l'économie
politique peut le mériter mieux encore. A quel titre, en
effet, la médecine peut-elle devenir chrétienne ? Nous venons de le voir. La personne humaine, qui rentre dans
l'objet de la médecine, est indivisible : on ne peut soigner
le corps sans intéresser l'âme qui l'habite. La médecine

chrétienne consiste donc à respecter toujours la morale de l'Evangile ; elle consiste aussi à s'inspirer des motifs surnaturels que la foi nous fournit si facilement toutes les fois que le prochain nous réclame pour le seconder ou le secourir : bref, elle est subordonnée à la morale de quelque manière, comme le corps l'est à l'âme.

Mais après tout, et si loin qu'on pousse ces relations de la morale et de la médecine, celle-ci n'en reste pas moins indépendante comme connaissance : elle est une science *naturelle* et non une science *morale*. On conçoit bien que le médecin parfait doive être moral, croyant et vertueux, qu'il doive même être versé dans les connaissances psychologiques, morales et religieuses; mais, tout en faisant alliance avec la morale et la religion, la médecine ne reçoit d'elles aucun principe médical. Assurément personne n'osera soutenir que la médecine est fondée sur la morale, sur le Décalogue par exemple, bien que ses prescriptions ne doivent jamais s'opposer aux lois du Décalogue.

L'économie politique, au contraire, est une science qui compte parmi ses principes certaines conclusions de la morale, dont elle est par là même directement dépendante : c'est, dans le langage de l'école, une science *subalterne* de la morale. Aussi, on peut dire en toute vérité qu'elle est fondée sur le Décalogue. Une économie politique qui répudierait cette loi essentielle des mœurs, serait fausse, aussi bien que la médecine qui nierait les lois de la digestion ou de la circulation du sang.

Nous invoquerons ici d'abord le témoignage d'un économiste éminent et qui ne sera pas suspect. M. Claudio Jannet disait, dans un rapport présenté au congrés bibliographique de 1878 : « Le Décalogue est la base de la science économique. » Dix ans plus tard, en 1888, il déclarait que « l'économie politique est, par essence, une science morale ». Puis, réfutant ceux qui nient cette vérité capitale, il ajoutait : « Imbus de l'esprit matérialiste de leur époque, les premiers économistes avaient voulu complètement séparer la science sociale de la morale ; et malgré les efforts faits successivement par Bastiat, par MM. Baudrillart et Rondelet, le gros de l'école économique dite libérale est restée sur le terrain étroit où l'avaient placée ses fondateurs. » Mais, poursuivait-il, « les forces productives de la richesse et les règles de son usage sont du domaine de la morale avant d'appartenir à celui de l'économique ; l'échange lui-même est influencé par des principes de justice. Quoi qu'on fasse, il y aura toujours autant de systèmes d'économie politique qu'il y aura de conceptions de morale différentes. »

On le voit, ces affirmations sont nettes, autant qu'énergiques. Il s'ensuit clairement qu'il y a autant de systèmes d'économie politique qu'il y a de systèmes de morale : à une morale païenne répondra une économie païenne ; à une morale toute fondée sur la liberté individuelle, répondra une économie individualiste et libérale ; à une morale enfin purement chrétienne répondra une économie politique chrétienne. M. Claudio Jannet subordonne donc étroitement — trop étroitement même, semble t-il, car la science économique a d'autres bases encore que le Décalogue — la science économique à la morale. Mais comment arrive-t-il ensuite qu'il affirme çà et là l'existence de lois économiques naturelles, fatales, analogues à celles de la physique, de la chimie et de l'astronomie, « lois économiques congéniales, dit-il, à l'ordre humain en vertu duquel le travail humain s'organise de lui-même et n'a pas besoin d'une organisation arbitraire, fruit de l'invention ou dominée par le fétiche de quelques idées générales et vagues, comme l'égalité et la liberté » (1) ? Hâtons-nous d'ajouter que M. Claudio Jannet explique ces paroles dans le sens le moins inacceptable. Mais comment se fait-il

____

(1) *Polybiblion*, févr. 1893, p. 105. L'auteur poursuit et explique sa pensée en ces termes : « Sans doute les mobiles moraux supérieurs, les actions sociales concertées, les institutions publiques aussi peuvent agir heureusement sur les conditions économiques de l'humanité. La lutte contre le mal sous toutes ses formes est une nécessité en raison de la chute originelle ; mais cette action ne peut être utile qu'en s'exerçant dans le sens des lois économiques et non à l'encontre ; car, selon le mot que Bacon appliquait au monde physique, on ne commande à la nature qu'en obéissant à ses lois. »

encore une fois que les lois économiques, qui sont fondées,
avec l'économie elle-même, sur la morale et sur le Décalogue, d'après M. Claudio Jannet, soient semblables par
ailleurs aux lois de la physique, de la chimie et de l'astronomie (1) ? À coup sûr, ces dernières sciences ne sont pas
fondées sur le Décalogue.

Evidemment nous sommes ici en présence de graves
équivoques, qu'il faut s'attacher à dissiper une fois pour
toutes. Nous y arriverons, je l'espère, et nous procéderons
à cette fin comme tout à l'heure par voie de comparaison.

Nous avons comparé déjà l'économie politique avec les
sciences naturelles, y compris les sciences médicales, et
nous avons vu qu'elle est mieux liée à la religion et à la
morale que les unes et les autres, voire même que les se-
condes. Comparons-la maintenant avec une science supérieure, le droit.

Le droit ! science éminemment sociale, qu'on trouve
comme une sentinelle sur toutes les frontrières du juste et
de l'injuste ; connaissance des vrais rapports qui doivent
unir les hommes entre eux pour en former une société parfaite, gouvernée par une même autorité, sous la direction
et la garantie des mêmes lois. Saluons cette noble science,
qu'on a tenté vainement de déshonorer en la courbant devant la force et l'arbitraire. Il est vrai qu'on est parvenu
plus d'une fois à corrompre des magistrats pour en obtenir des services plutôt que des arrêts : pas plus que les légis-

____

(1) M. Devas, le célèbre économiste catholique, écrit à ce sujet
dans la *Dublin Review* (janv. 1893) : « M. Claudio Jannet croit
encore dans la vieille économie politique et en ceux qui, comme
M. Marshall en Angleterre, M. Paul Leroy-Beaulieu en France, et
M. Bohm-Bawert en Autriche, s'efforcent de réparer les brèches
faites à cet édifice scientifique tombant en ruine. Aussi voyons-nous
invoqué de nouveau au besoin, et réapparaître comme un obstacle à
la réforme sociale, ce spectre « des lois économiques » que nous
espérions prématurément être à jamais banni et exilé dans la planète
de Saturne. M. Jannet, induit en erreur par les écrivains déjà cités
et par d'autres, particulièrement par M. Giffon et par l'*Economist*,
semble tomber dans les vieilles doctrines économiques de l'opti-
misme et du *laisser-faire*. » (Cité dans l'*Association catholique*, 1893,
avril, p. 410.)

lateurs, les juges ne sont à l'abri de l'iniquité, qu'ils commettent d'autant plus odieusement et hypocritement qu'ils ont mission de la poursuivre. Mais le droit lui-même ne pactisera jamais avec l'injustice : ni avec l'hypocrisie, ni avec la violence ; il est incorruptible et inviolable, comme la conscience, dans laquelle il se réfugie aux jours de désordre et de malheur.

Assurément, parmi les sciences purement humaines, il n'en est pas qui soit plus religieuse et plus morale de sa nature. Il communique avec la théologie, en particulier avec le droit canonique, dont il a tant reçu ; il tient tous ses premiers principes de la loi naturelle, et par conséquent du Décalogue. Cela est si vrai qu'en dehors de la conscience il n'y a plus de droit ; toute conclusion juridique doit lier la conscience directement ou indirectement ; il n'y a pas de *lois purement pénales*, c'est-à-dire qui ne s'imposent que par la force ; de telles lois seraient indignes de l'homme et nulles par elles-mêmes. La volonté du législateur, les décrets du pouvoir, la sentence du juge s'adressent toujours de quelque manière à la conscience, c'est-à-dire à l'homme en tant qu'homme. Seuls les êtres raisonnables et libres sont sujets à des lois, de même que seuls ils ont des droits et des devoirs, seuls ils acquièrent des mérites ou encourent des peines et assument une véritable responsabilité. Tels sont les rapports du droit et de la morale.

Or tels ne sont pas précisément les rapports de la morale et de l'économie politique. Les lois économiques, en effet, malgré le caractère moral qu'elles revêtent nécessairement, ne s'adressent pas à notre liberté aussi bien que les lois humaines ; elles laissent plus de place à l'ordre naturel des choses, à la nécessité. Il le faut bien ; car l'économie politique à d'autres bases encore que la morale ; et l'on se tromperait également, soit en prononçant que l'économie politique est fondée exclusivement sur la morale, soit en prononçant qu'elle est fondée seulement sur la nécessité ou les lois naturelles des choses.

Par là nous voyons les deux erreurs extrêmes, les deux écueils opposés entre lesquels passe la vérité. La philoso-

phie, qui nous les montre, nous donne également de les
éviter en nous traçant une bonne méthode. Les économistes
qui refuseraient de la suivre, ressembleraient fort au navi-
gateur qui, dans une mer orageuse et semée d'écueils, prétendrait se passer de pilote. C'est la philosophie, surtout
la philosophie chrétienne, qui sert de pilote à toutes les
sciences ; car elle est la science des principes et la science
des méthodes.

Et puisque l'occasion se présente, qu'il nous soit permis
de relever le dédain ou l'oubli commis par quelques esprits
qui se persuadent trop facilement que la philosophie chrétienne, en particulier la scolastique, est incapable de con-
tribuer à la solution des problèmes sociaux et économiques
de ce temps. En négligeant cette science, comme si elle
habitait le monde de la fantaisie, ils s'exposent à de singu-
lières méprises; ils n'arriveront jamais à formuler une doctrine économique cohérente et soutenable dans toutes ses
parties essentielles : se trompant sur les principes et sur la
méthode, ils sont condamnés à l'erreur ou à l'insuffisance.

C'est ce que leur rappelait naguère, avec une extrême mo-
dération, un philosophe de bonne école, M. Gardair, professeur libre de philosophie scolastique à la Sorbonne (1).
Il faisait observer à quelques disciples de Le Play qui
interprètent trop étroitement la pensée du maître, que la
méthode expérimentale ne suffit pas à constituer la science
sociale : il y faut encore des principes rationnels et absolus,
disons même des principes à *priori*. Tels sont les principes de la métaphysique ou de la raison pure, sans lesquels
il n'y a pas d'induction ni de certitude possible; tels sont
surtout, en matière sociale et économique, les principes
de la morale et du droit naturel. Réduite à la méthode
purement expérimentale, appelée improprement scientifique, l'économie politique tendrait à justifier, sans discer-
nement suffisant, ce qui se pratique, et à ériger les faits en
droit (2); elle s'égarerait autant peut-être, sinon plus, que

(1) V. *Réforme sociale*, 1893, 16 sept.
(2) Il ne serait pas difficile de citer tels partisans de la méthode

si elle était réduite à n'employer que la méthode de la raison pure ou de l'apriorisme : tant il est vrai que les abus
extrêmes se touchent. Il faut donc se défier de toute méthode
exclusive, et chercher le remède au socialisme qui nous
menace non pas dans une sorte de positivisme ou d'empi-
risme social qui justifierait le socialisme de demain peut-
être, mais plutôt dans l'emploi judicieux et hardi d'une
raison respectueuse du passé, attentive aux faits et toujours avide de progrès et de justice.

Une remarque appuiera encore ces réflexions. On a ac-
cusé de socialisme, et non sans raison, quelques-uns des
plus grands philosophes de l'antiquité : Platon et aussi
Aristote. Mais sait-on bien pourquoi Aristote, malgré son
ferme bon sens, sa psychologie exacte, sa morale naturelle
si élevée, sa métaphysique profonde, est tombé dans le
socialisme d'Etat et a sacrifié les droits sacrés de la personne au point de légitimer l'esclavage ? Ceux qui nous
reprochent les erreurs sociales de ce philosophe, comme si
elles découlaient de sa métaphysique, s'abusent étrange-
ment : ils devraient se montrer plus circonspects. Aristote
s'est trompé parce que, en matière sociale, il s'est trop fié
à l'expérience, aux coutumes existantes et invétérées : il
n'a pas cru assez à la psychologie absolue, à la morale absolue, bref, il a douté pour ainsi dire de la métaphysique.
Que voyait-il, en effet, dans toutes les cités grecques, dans
tous ces Etats dont il avait recueilli et étudié patiemment
les constitutions, en plus de cent monographies qui nous
rappellent celles des disciples de Le Play, et dont l'une, *la
Constitution* d'Athènes, a été retrouvée naguère ? Il voyait
que partout les droits individuels et les droits domestiques
s'effaçaient devant ceux de l'Etat et que l'esclavage régnait
depuis un temps immémorial. Certes, cet état de choses
était contre nature, et Aristote ignorait moins que personne

expérimentale qui, en abusant précisément de cette méthode, absol-
vent ou à peu près toutes les spéculations de Bourse qui sont le
fléau de notre temps, sous prétexte qu'elles sont nécessaires, qu'elles
résultent de notre état social et ne peuvent trouver leur remède que
dans leurs effets naturels.

que tous les hommes sont de même espèce, que chacun est le maître de ses actions par la raison et la liberté, que les devoirs essentiels de la morale impliquent des droits, et le reste; et néanmoins, malgré tous ses beaux principes, il fut esclavagiste et socialiste, comme l'étaient tous les hommes pratiques et expérimentés de son temps, comme l'étaient tous les hommes d'Etat, depuis les colonnes d'Hercule jusqu'à l'Indus. Se figure-t-on le savant précepteur d'Alexandre le Grand proposant sérieusement, au nom de la morale absolue, à son royal élève devenu le maître du monde, l'abolition même graduelle de l'esclavage? Au lieu de lui envoyer des pièces curieuses pour son cabinet d'histoire naturelle ou des talents d'or pour acheter des manuscrits précieux et accroître sa bibliothèque, Alexandre lui aurait dépêché ses médecins avec une provision d'ellébore.

Seul le christianisme devait changer cette prétendue folie, comme tant d'autres, en principe sacré de la raison et du droit; seul il devait affranchir les hommes et soulager enfin les consciences en jetant dans le monde, comme un ferment divin, les principes absolus de la morale évangélique. Et cette restauration de la morale, qui de païenne devint chrétienne, entraîna à sa suite les réformes sociales et économiques dont l'humanité a vécu et vit encore (1). De même aujourd'hui, toute proportion gardée, une nouvelle effusion de l'esprit chrétien dans les mœurs publiques et dans les lois, qui interpréteraient mieux la justice et la charité chrétiennes, entraînerait des réformes sociales et économiques, toujours différées jusqu'ici par les timides ou les prudents du siècle et regardées même comme impossibles par les hommes de peu de foi (2). Car la morale sociale

(1) « Il n'est pas douteux que la société civile des hommes a été foncièrement renouvelée par les institutions chrétiennes; que cette rénovation a eu pour effet de relever le niveau du genre humain, ou pour mieux dire, de le rappeler de la mort à la vie. » (Encycl.)

(2) « C'est, en effet, d'une abondante effusion de charité qu'il faut principalement attendre le salut. Nous parlons de la charité chrétienne qui résume tout l'Evangile et qui, toujours prête à se dévouer au soulagement du prochain, est un antidote très assuré contre l'arrogance du siècle et l'amour immodéré de soi-même, vertu dont l'apôtre

chrétienne n'est pas aussi fixée que la morale individuelle: celle-ci est toute tracée dans l'Evangile; celle-là n'y est qu'en principe, comme dans un germe; elle évolue donc avec la société elle-même, et n'a pas dit encore son dernier mot. Que les partisans de la méthode expérimentale ne se hâtent donc pas trop de prononcer que telles transformations économiques ou sociales sont impossibles. Nul, s'il n'est prophète, ne peut lire dans l'avenir: c'est le livre scellé sept fois dont parle l'Apocalypse. Mais si le mystère impénétrable qu'il contient nous fait tout craindre, il nous permet aussi de tout espérer. L'essentiel, pour l'humanité comme pour les individus, c'est de se montrer toujours plus digne et de tenir son cœur à la hauteur de sa foi et de ses espérances.

Toutes ces considérations nous font déjà toucher au vif de notre sujet. Pour le traiter à fond, il faut maintenant nous appliquer à mesurer le champ de l'économie politique. Nous avons vu comment elle tient à la morale et au droit, d'une part, et prend contact, d'autre part, avec les sciences naturelles. Elle nous apparaît donc comme une science complexe, qui tire ses principes et trouve son objet de divers côtés. Nous allons les marquer successivement en poursuivant cette analyse.

II

Sommaire : Quatre causes générales des faits économiques: 1º La nature extérieure. Chaque pays subit d'abord les conditions économiques que la nature lui a faites; mais le génie de l'homme tire de ces conditions des partis bien différents. — 2º et 3º La nature humaine et le libre arbitre. Part croissante de ce dernier. Son action sur les besoins auxquels doit satisfaire l'économie politique. Par toutes les vertus qu'elle fait pratiquer, l'Eglise contribue puissamment à la solution du problème économique et social. — Le luxe, l'avarice, l'intempérance et, en général, tous les vices sont des fléaux économiques. — 4º La législation. Son influence extrême sur les faits économiques. Deux exemples historiques. — Conclusion : Il y a une économie politique chrétienne.

saint Paul a décrit les offices et les traits divins dans ces paroles : *Le charité est patiente; elle est bénigne; elle ne cherche pas son propra intérêt; elle souffre tout; elle supporte tout.* » (Encycl.)

Les faits économiques sans nombre qui se déroulent sous nos yeux selon certaines lois et qui remplissent pour ainsi dire l'existence de la plupart des hommes, dépendent de diverses causes. Or celles-ci, quelque nombreuses et quelque variées qu'elles soient, se réduisent à quatre : 1° la nature extérieure ; 2° la nature humaine dans ce qu'elle a de déterminé ou de fatal ; 3° le libre arbitre ; 4° la législation. On voit aussitôt que, parmi ces causes, les unes sont physiques et les autres morales ; les unes sont fatales et les autres libres. Expliquons chacune d'elles.

1° La nature extérieure. Nous comprenons ici toutes les causes physiques et extérieures de la richesse et du bien-être, que la Providence a mises devant l'homme en l'introduisant dans ce monde et en l'invitant à régner sur la création. Cette royauté a pu paraître dérisoire, après la chute originelle, alors qu'Adam, coupable et dépouillé de tout, paraissait livré à la merci des éléments et des bêtes féroces ; mais elle n'a pas tardé à s'affirmer. A force de labeurs et de persévérance, l'homme est parvenu à régner sur la nature, en surprenant ses secrets et en dirigeant quelques-unes des forces immenses qu'elle recèle. Toutefois il faut avouer, avec Bacon, que l'homme ne gouverne la nature qu'en obéissant d'abord à ses lois. Ni les mœurs, avec le libre arbitre, ni, à plus forte raison, la législation n'ont prise directe sur les choses. Le climat, la nature et la qualité du sol, la pluie et la sécheresse, les vents et les courants marins, les fleuves et les chutes d'eau, les mers, les montagnes, les mines de charbon, de fer, de métaux précieux, sont autant de conditions naturelles dont l'homme n'a qu'à tirer le meilleur parti possible. Par exemple, l'Angleterre n'est, pour ainsi dire, qu'un immense dépôt de houille et de fer ; et c'est là, avec sa position géographique, ce qui explique pour une bonne part le développement prodigieux de son industrie et de son commerce. L'Italie, au contraire, ne peut, dans les conditions qui lui sont imposées par la nature, devenir une puissance industrielle. De là, sans parler des causes morales et religieuses, la stérilité des efforts tentés pour faire de Rome une capitale à la manière de Londres ou de Paris : ni les lois, ni la politique de la Triple-Alliance n'ont pu forcer la nature ; elles ne peuvent même pas conjurer la banqueroute, qui est imminente. Chaque pays subit ainsi les conditions économiques que la nature lui a faites.

Ce n'est pas que l'homme ne puisse encore agir très efficacement en tirant parti de ces conditions : un peuple industrieux, sobre et bien gouverné prospérera sur un sol ingrat et dans des conditions économiques peu favorables, alors qu'un peuple inférieur au point de vue moral, tombera plus bas encore, malgré tous les avantages de son sol et de sa position géographique. Et puis n'oublions pas que les découvertes scientifiques et le progrès des connaissances, qui tiennent surtout à des causes morales, permettent d'utiliser merveilleusement les forces de la nature, qui, sans cet effort du génie humain, seraient restées inconnues ou du moins improductives. Que l'on compare, par exemple, l'Amérique du Nord au temps des Sauvages avec les Etats-Unis d'aujourd'hui. Quelles richesses les Européens n'ont-ils pas tirées de ce sol qui fournissait à peine le nécessaire à la vie misérable de l'Indien !

Mais, malgré toutes les inventions du génie, il reste que l'homme ne change pas la nature : il ne peut que s'en servir, il ne peut que la modifier. Il doit donc l'observer avant d'agir. Bien des faits importants au point de vue économique échappent ainsi à toute prise directe de notre liberté. Nul législateur ne songerait, par exemple, à décréter à priori que tel pays sera agricole ou industriel, qu'il produira du blé ou du vin, ou qu'il en produira en telle quantité. C'est pourquoi, et sans parler des autres causes, l'agriculture, cette mère nourricière du genre humain, ne sera jamais une industrie semblable aux autres : elle nous est le plus nécessaire et nous en disposons le moins. Constamment et chaque année en particulier nous sommes ainsi à la discrétion de la nature, disons plutôt de la Providence. Elle mesure nos récoltes en céréales, en vin, en denrées de toute sorte, non seulement sur notre travail, mais encore sur sa souveraine volonté.

2

Et néanmoins, ici encore, la Providence semble inviter la prudence humaine à devenir son auxiliaire, à compléter son œuvre pour ainsi dire, en comblant le déficit de certaines récoltes par l'excédent des autres, en compensant les années mauvaises par les années bonnes, en associant étroitement les intérêts des peuples appelés à se céder mutuellement leur superflu, de manière que nul ne soit jamais privé du nécessaire. Admirables desseins de Dieu, qui tire ainsi le bien du mal, l'ordre général et l'harmonie internationale de l'irrégularité des saisons, en provoquant les peuples à se prêter un mutuel secours et à rivaliser sans se nuire. Pourquoi faut-il que l'égoïsme change cette émulation profitable à tous en luttes économiques impitoyables, en concurrences effrénées, où la richesse des uns provient de l'appauvrissement des autres et où le faible devient toujours la proie du fort !

A coup sûr ces guerres sans merci ne sont pas des lois naturelles ; car le désordre et le mal ne sauraient être prescrits par la nature. Cette lutte pour la vie qui règne de quelque manière sur les animaux et sur les plantes, devrait changer de caractère en passant à l'humanité, de même que toutes les autres lois. Et ceux qui prétendent que cette loi de la lutte pour l'existence doit s'appliquer rigoureusement à l'homme n'ont pas compris le premier mot de la morale et du droit, ni par conséquent le principe le plus essentiel de l'économie politique chrétienne.

Mais n'anticipons rien. Nous venons de voir que l'élément moral n'est pas étranger à l'action ou plutôt au résultat économique des causes physiques et extérieures de la richesse. La part de la morale et, avec elle, du libre arbitre, va grandir à mesure que nous avancerons. Faisons donc un pas de plus.

2° Le second principe général des faits économiques est, disions-nous, la *nature humaine*. Elle s'oppose à la nature extérieure, dont nous venons de parler ; mais elle lui ressemble par la fatalité de ses effets. Car nous entendons d'abord par la nature humaine ce qu'il y a de nécessaire en nous quant à nos instincts, à nos besoins, à toutes nos aspirations sensibles ou intellectuelles.

Ainsi l'homme veut nécessairement le bonheur ou le bien en général : c'est là une loi de sa nature ; on chercherait vainement à détourner les hommes de ce qu'ils croient être le bien et finalement leur bien suprême. Si donc vous voulez les dissuader de la poursuite criminelle des plaisirs, des honneurs, de la richesse, démontrez-leur d'abord que tous ces biens sont mensongers ou imparfaits, qu'ils feraient leur malheur en l'autre vie et même dans la vie présente. D'où l'on voit facilement combien la morale et la religion, ici encore, influent sur les faits économiques, en rectifiant les jugements des hommes sur les véritables biens. Ah ! si la plupart des hommes comprenaient que le bonheur imparfait de cette vie consiste principalement dans la vertu et secondairement dans une aisance proportionnée à leur état et fruit naturel du travail, de l'intelligence et de la probité, comme la société changerait de face ! On verrait alors combien l'ordre économique dépend de la morale et du libre arbitre.

Néanmoins la nature humaine, en tant qu'elle se distingue du libre arbitre, agit fatalement : elle obéit à des lois psychologiques, invincibles comme telles. Non seulement donc il faut que l'homme recherche son bonheur, comme nous venons de le dire, mais encore il faut que, à moins de motifs particuliers, il évite les labeurs sans fruit, les fatigues inutiles. Pour en venir à quelques détails, il est naturel que l'homme dépense le moins de forces possible pour obtenir le résultat qu'il désire : d'où la *loi de l'économie des forces* ; il est naturel qu'il veuille acheter à bon marché et vendre à un bon prix : d'où la *loi de l'offre et de la demande*, etc. Certes l'homme est essentiellement raisonnable ; même en péchant il ne peut renoncer à tout exercice de sa raison, et celle-ci, dans bien des cas, conclut fatalement, elle n'est pas libre. Par exemple vous ne persuaderez pas à quelqu'un qui veut absolument s'enrichir de vendre habituellement à perte, ou, ce qui est pire à ses yeux, de donner ses biens aux pauvres pour se retirer dans une chartreuse : ce serait un acte de folie. Mais cette folie deviendra sagesse à ses yeux et il la commettra peut-être, s'il change de principes. Le vrai sage, en effet, est le chartreux qui se dépouille et non l'avare qui thésaurise.

Remarquons encore une fois comment la morale, avec le libre arbitre, circonscrit le champ de la fatalité. Celle-ci s'accroît de tout ce que l'homme délaisse de la vertu; mais elle décroît à mesure que l'homme devient maître de lui-même et se subordonne la richesse au lieu de se subordonner à elle. Or nous ne pensons pas que le but de l'économie politique soit de nous subordonner à la richesse, en nous prosternant devant le veau d'or; elle doit plutôt nous apprendre à nous la soumettre, c'est-à-dire qu'elle doit être l'auxiliaire de la morale en mettant toujours l'*utile* au service de l'*honnête*.

Ces remarques s'appliquent à ce que l'on est convenu d'appeler les *besoins* de l'homme. Certains économistes les regardent comme le principe unique de tous les faits économiques. C'est aller trop loin. D'ailleurs, il nous suffit de montrer que ce principe n'agit fatalement que dans des limites assez étroites. Sans doute personne ne saurait se passer d'une certaine quantité d'aliments et autres choses nécessaires à la vie. Mais qui ne voit aussitôt que les exigences de toute nature qui s'ajoutent à celle-ci, varient étonnamment d'un homme à l'autre, depuis le chartreux qui vit de légumes et de poisson jusqu'au sybarite qui paye royalement mille services personnels plus ou moins honnêtes et absorbe à lui seul, comme tel héros de Rabelais, autant de richesses qu'il en faudrait pour rassasier tous les pauvres de France?

Et puis tout homme, avant même de jouir du nécessaire, convoite déjà et lui préfère souvent le superflu. Cet aiguillon de la nécessité et du bien-être ou de la fantaisie explique pour sa part les travaux incessants et acharnés de l'humanité, cette activité tantôt puissante et tantôt fébrile du commerce et de l'industrie. Le cœur humain est insatiable; de là ses désirs croissants et toujours inassouvis : il attend toujours plus et toujours mieux. Le besoin est donc invincible et infini dans ses exigences ; il est toujours impérieux et toujours renaissant (1).

(1) « Les nécessités de l'homme ont de perpétuels retours : satis-

Et néanmoins, il faut convenir aussitôt, après ce qui a été dit, que la morale et le libre arbitre ont une large prise sur lui : elles le règlent, elles l'épurent, elles le dirigent, elles créent des besoins supérieurs et nobles, qui engendrent la paix et non le trouble et auxquels tous les autres viennent se subordonner.

Nous avons évoqué tout à l'heure l'image du chartreux satisfait dans sa cellule mieux que le financier cosmopolite en son palais des Champs-Elysées : ce contraste frappant vient tout du libre arbitre aidé de la grâce de Dieu.

Il faut avouer que ces exemples sont extrêmes et que la vie du cénobite est une exception. Mais une certaine vertu doit être populaire ; la sobriété, la tempérance sont à la portée de tous et un devoir strict ; tout homme doit modérer ses désirs, se priver même de bien des satisfactions inférieures pour goûter des plaisirs supérieurs. Un bon livre, une bonne conversation, une fête patriotique ou religieuse qui nous remue puissamment et nous emporte, ne fût-ce qu'un instant, sur les ailes de l'idéal, valent mieux qu'une table somptueuse et des mets délicats. Il y a plus. Les économies que l'on prend sur sa bouche ou que l'on fait sur d'autres dépenses superflues et que l'on emploie secrètement au soulagement des pauvres, au soutien des œuvres de l'Eglise, rendent heureux les cœurs bien nés et les améliorent encore. C'est à élever ainsi toutes ses aspirations, c'est à se faire de la vertu, du travail, de la probité, de la bienfaisance, de l'estime des gens de bien et surtout du bon témoignage de sa conscience comme un besoin impérieux, que tous les chrétiens doivent s'appliquer.

Et n'est-il pas évident que si ces habitudes chrétiennes prévalaient enfin, le monde économique, avec la société tout entière, changerait de face ? Il est donc bien vrai que l'Eglise, par son influence propre et purement morale, par toutes les vertus, petites ou grandes, cachées ou éclatantes, qu'elle fait germer et fleurir à tous les degrés de la société,

faites aujourd'hui, elles renaissent demain avec de nouvelles exigences. » (Encycl.)

contribue puissamment à la solution du problème économique et social (1)?

L'on croit trop à la fatalité du mal et de tous les désordres, ou du moins l'on regarde trop facilement le désordre moral et le désordre économique comme étrangers l'un à l'autre. On a dit, par exemple, que le *luxe*, l'*avarice*, l'*intempérance* étaient nécessaires et que d'ailleurs leurs effets mauvais portaient avec eux leur remède, au point de vue économique, comme si ces vices pouvaient être utiles à la société et ne nuisaient en définitive qu'à ceux qui s'y abandonnent. Eh bien, cela est faux.

Pour parler d'abord d'un luxe désordonné, insolent ou disproportionné avec le rang social que l'on occupe, il est vrai qu'il alimente un certain commerce et répand autour de lui une certaine abondance ; mais, sans compter qu'il appauvrit et démoralise celui qui s'y abandonne, il use de mille services inutiles et consomme des capitaux, pour la seule ostentation, d'une manière improductive ; il accoutume ceux qui en vivent à des gains extraordinaires, sans proportion avec leur mérite, et qui, venant à manquer, les laisseront plus dépourvus qu'auparavant ; il décourage les arts les plus utiles et les plus honnêtes en favorisant, à leur détriment, des arts accessoires et même équivoques ; il grossit le nombre des personnes dont l'existence dépend du bon plaisir d'autrui et les habitue à la paresse et à la servilité ; il trouble l'ordre économique en le mettant en désaccord avec les lois morales : bref il démoralise et appauvrit finalement toutes les classes. C'est quand le luxe absorbe le

(1) « Et, certes, ce n'est pas un faible appoint qu'elle apporte (l'Eglise)... par le fait seul qu'elle travaille, de paroles et d'actes, à ramener les hommes à la vertu. Les mœurs chrétiennes, dès qu'elles sont en honneur, exercent naturellement sur la prospérité temporelle leur part de bienfaisante influence, car elles attirent la faveur de Dieu, principe et source de tout bien ; elles compriment le désir excessif des richesses et la soif des voluptés, ces deux fléaux qui trop souvent jettent l'amertume et le dégoût dans le sein même de l'opulence ; elles se contentent enfin d'une vie et d'une nourriture frugales et suppléent par l'économie à la modicité du revenu, loin de ces vices qui consument non seulement les petites, mais les plus grandes fortunes et dissipent les plus gras patrimoines. » (Encycl.)

plus de superflu chez les riches que les pauvres manquent
le plus du nécessaire.

Quant à l'avarice, on a beau dire que l'avare épargne
pour autrui en se privant lui-même du nécessaire ou de ce
qui conviendrait à son rang, il n'en refuse pas moins d'encourager les arts les plus dignes d'intérêt ; il frustre non
seulement les artisans, les ouvriers, les commerçants honnêtes du travail et du bénéfice qu'ils avaient raison d'attendre, mais il désespère encore les pauvres, que des secours opportuns auraient soulagés et changés même en
membres actifs du corps social ; son avarice, déjà funeste
à la société, prépare souvent les prodigalités d'un fils ou
d'un héritier qui ne seront pas moins malfaisantes ; en
attendant, il contribue autant qu'il est en lui à rompre les
relations naturelles et le juste équilibre du capital et du
travail, et par là même il trouble l'harmonie des professions
et les bons rapports des classes sociales.

L'intempérance ne vaut pas mieux au point de vue économique. En effet, l'intempérant quel qu'il soit, fumeur
d'opium, alcoolique, jouisseur effréné, non seulement nuit
à sa santé et partant à la société dont il doit être un membre actif, mais encore il consomme un superflu qui est nécessaire à d'autres. Et en supposant même qu'il ne privât
personne du nécessaire, il absorbe une part de richesses
qui trouverait mieux son emploi sous une autre forme. Par
exemple, le jour où une société est assez riche pour fournir abondamment à tous ses membres ce qui est nécessaire à la vie, l'intempérance, si elle s'y développe, aura
pour effet de multiplier les industries qui en vivent (ainsi
les cabarets), au détriment de professions supérieures,
intellectuelles, libérales, dont la prépondérance élève le
niveau social.

Et que serait-ce maintenant, si nous parlions des vices
les plus dégradants, qui entament le capital vivant, le capital humain lui-même, en tarissant la vie dans ses sources !
Car la première richesse d'un Etat est une population
nombreuse, saine, vaillante et vertueuse. A ce principe, on
peut juger que le vice ruine la société autant qu'il la dés-

honore. Et ne faut-il pas voir dans cette recrudescence de scandales et de crimes, qui coïncide avec la guerre faite à l'Eglise, la cause principale pour laquelle, malgré les progrès de l'industrie et l'éclat de notre civilisation, nous vivons sous la menace d'une nouvelle invasion de Barbares dans laquelle s'effrondrerait la richesse nationale?

Une conclusion capitale se dégage donc maintenant : le vice est un fléau tant au point de vue économique qu'au point de vue moral ; la vertu, au contraire, est doublement précieuse, elle est utile non moins qu'elle est belle.

3° Mais je m'aperçois qu'en expliquant le second principe général des faits économiques, la nature humaine, j'ai expliqué également le troisième, c'est-à-dire le libre arbitre. Il n'était guère possible d'en traiter séparément. Le libre arbitre, en effet, avec tout ce qu'il implique : la vertu ou le vice, les habitudes volontaires, les mœurs dans ce qu'elles ont d'électif, accompagne toujours la nature pour la perfectionner ou pour la dégrader. Si donc les faits économiques dépendent de la nature, ils dépendent aussi, et pour une part décisive, de la liberté. Sans doute, l'homme n'est pas libre, du moins ordinairement, de modifier instantanément ses mœurs et ses habitudes ; à plus forte raison la société tout entière n'est pas susceptible de ces changements à vue d'œil. Il en est de l'homme comme d'un navire en évolution, qui ayant mis le cap sur un point de l'horizon, ne peut changer de direction qu'en décrivant lentement une grande courbe sous l'action prolongée du gouvernail. Le gouvernail de l'homme, c'est la liberté. Grâce à elle, il modifie et peut changer même toutes ses habitudes ; il n'est contraint de s'arrêter que devant la nature même, dont les besoins essentiels sont précis et très limités.

4° Cette action profonde de la liberté sur les faits économiques nous apparaîtra tout entière, si nous considérons maintenant l'influence de la *législation*, ce quatrième principe, à la fois moteur et régulateur, du monde économique. Celle-ci est à la société ce que le libre arbitre est à l'individu. Or nous avons vu la puissance économique du libre arbitre et, avec lui, de la vertu ou du vice, de toutes les intentions de l'homme et de toutes ses habitudes consenties. Généralisons maintenant cette influence et nous aurons quelque idée de l'influence économique de la législation. Sans doute, celle-ci doit subir les mêmes limites que le libre arbitre : elle ne peut rien entreprendre contre la nature des choses ; ce n'est donc pas seulement à force de lois ni à coups de décrets qu'on fait fleurir l'agriculture, le commerce et l'industrie. Mais, cette réserve faite, il faut convenir que la législation est pour ainsi dire toute-puissante dans le monde économique : sans une bonne législation, en effet, rien ne suffit ; une bonne législation, au contraire, ne manque jamais, pour ainsi dire, des éléments nécessaires pour procurer la prospérité publique. Aussi peut-on soutenir avec des économistes distingués que l'objet propre ou du moins l'objet principal de l'économie politique, c'est « de rechercher quelles sont les lois et les institutions qui sont le plus favorables à la production du travail, à l'accroissement de la richesse et à sa juste répartition ». Cela est si vrai, poursuit l'auteur cité, « que les économistes dans leurs réunions, dans leurs *meetings*, dans les assemblées politiques, partout où ils ne s'adressent pas à des élèves, ne parlent que de lois à réformer ou à adopter — non des prétendues lois naturelles nécessaires, qu'on laisse dans les manuels, mais des lois de l'Etat faites librement par le législateur » (1).

Pour mieux montrer encore, s'il est nécessaire, l'influence extrême de la législation sur les faits économiques, nous citerons deux exemples, empruntés au *Dictionnaire d'économie politique* de MM. Léon Say et Chaillet. Nous y lisons que, chez les Romains, l'application de la loi licinienne (loi qui fixait de quelque manière le minimum et le maximum des propriétés foncières) valut à la république romaine cent cinquante années de paix intérieure (I, p. 27). Nous y lisons encore que le prodigieux développement de la

(1) De Laveleye, *Des rapports de l'économie politique avec le droit, la morale et la politique* (*Revue des Deux-Mondes*, 1878, 1er vol.).

marine britannique est dû, en principe, au fameux *Acte de navigation,* qui « fut le premier coup porté à la prospérité un peu factice de la Hollande. La marine hollandaise perdit peu à peu de son ancienne puissance et l'Angleterre fut débarrassée de sa rivale la plus redoutée » (I, p. 17).

D'ailleurs pourquoi chercher des exemples dans l'histoire ou à l'étranger ? N'avons-nous pas expérimenté maintes fois, en France, les effets économiques, bons ou mauvais, des lois et autres mesures prises par le Pouvoir ? Est-ce que le droit commercial, en attendant le droit rural et le droit industriel, est chose indifférente à la prospérité nationale ? Tous ne conviennent-ils pas que les traités de commerce, le régime de la protection ou du libre échange, les lois qui règlent les successions, les patentes, les tarifs de chemin et autres, etc., influent beaucoup sur les faits économiques ? Pour ne parler que des impôts, comment ne pas voir que ce prélevement annuel de trois à quatre milliards sur le travail ou les revenus de la France et leur répartition plus ou moins heureuse entre les services publics, quand ce n'est pas entre les créatures du pouvoir, exerce une influence énorme sur le mouvement économique national ?

Inutile d'insister. Les faits économiques relèvent donc, dans une large mesure, de la législation et des règlements, comme ils relèvent du libre arbitre de chacun, de la nature humaine en général et de la nature extérieure. S'ils trouvent dans la nature, qui agit fatalement comme telle, leurs premières conditions d'existence, ils reçoivent ensuite du libre arbitre leur détermination dernière et leur caractère supérieur.

C'est pourquoi l'économie politique est, en définitive, une *science morale et sociale.* En vertu de ce caractère, elle se place au-dessus de toutes les sciences physiques et naturelles, sous la dépendance immédiate du droit naturel, de la politique et de la morale chétienne. Avec celle-ci, dont elle doit être l'auxiliaire très fidèle, elle est aussi un *art,* qui permet d'améliorer l'état social, de rendre les nations heureuses et prospères.

Nous arrivons ainsi, si je ne me trompe, à la solution suffisante de la première partie de la question proposée : Y a-t-il une économie politique chrétienne ? Oui certainement ; car il y a une économie politique qui ne refuse pas de s'éclairer de la morale de l'Evangile, et qui en accepte toutes les conclusions (1). Elle se distingue nettement de l'économie politique païenne ou athée, ou rationaliste, ou indifférente et neutre. Seule elle reconnaît la morale pure de l'Evangile, comme l'Eglise catholique l'explique et l'enseigne (2).

III

Sommaire : Principes caractéristiques de l'économie politique chrétienne : 1° sur le droit de propriété ; — 2° le droit du travail ou le juste salaire ; — 3° la loi de l'offre et de la demande ; — 4° l'usure proprement dite ; — 5° l'usure au sens large ; — 6° les monopoles, les accaparements, la concurrence ; — 7° l'intervention du pouvoir ; — 8° les droits des individus et des familles ; — 9° la protection des faibles ; — 10° la création et le soutien des petits patrimoines ; — 11° le droit d'association ; — 12° les corporations.

Une seconde question se pose maintenant : Puisqu'il y a une économie politique chrétienne, quelle est-elle exactement ? Quels sont les principes qu'elle reçoit de la morale de l'Evangile et qui la caractérisent ?

Cette seconde question, plus délicate encore que la pre-

(1) On peut donc fonder non seulement des sociétés catholiques d'économie sociale, mais encore des sociétés d'économie sociale catholique.

(2) On voit dès lors ce qu'il faut penser de l'opinion de M. Yves Guyot, qui osait déclarer naguère, dans une séance de la Société d'économie politique (V. Journal des Economistes, déc. 1893), que *l'économie politique, comme la science, est immorale :* En vain quelques-uns de ses collègues protestèrent ou essayèrent de se persuader qu'il avait entendu dire seulement que l'économie politique était *amorale, neutre :* M. Yves Guyot répliqua qu'il avait bien dit ce qu'il voulait dire. Au reste cette déclaration, au lieu de scandaliser les économistes de l'école de M. Yves Guyot, devrait plutôt les édifier sur les conséquences extrêmes du libéralisme économique.

mière, surtout après les discussions qu'a soulevées ou plutôt que n'a pas apaisées l'encyclique *sur la condition des ouvriers*, nous essaierons de la résoudre brièvement, en résumant les conclusions les plus importantes et les plus certaines de la théologie et de la philosophie chrétienne qui doivent désormais servir de base à l'économie politique.

Il est incontestable, en effet, surtout depuis l'Encyclique, que l'Eglise a une doctrine économique, ou, si l'on préfère, des principes d'économie politique : parfaitement compétente dans la question sociale, elle apporte, selon l'expression de Léon XIII, les « principes d'une solution conforme à la justice et à l'équité ». Ces principes sociaux et économiques font partie du dépôt sacré de vérités que Jésus-Christ lui a confiées pour la liberté des enfants de Dieu, pour la paix et le salut des peuples. Ils regardent particulièrement le droit de propriété, le droit du travail ou le juste salaire, la loi de l'offre et de la demande ; l'usure, les monopoles, les accaparements et la concurrence ; l'intervention de l'Etat, les droits des individus et ceux des familles ; le devoir particulier qui incombe à celui-ci de protéger les faibles, de soutenir les petits patrimoines ; le droit d'association et les corporations.

Tous ces points, on le voit aussitôt, sont de première importance en économie politique. Nous allons donc les parcourir en résumant sur chacun l'enseignement de l'Eglise.

1º D'abord le droit de propriété. Ce droit indispensable à l'individu et à la famille, Léon XIII l'établit avec une grande force d'argumentation contre les socialistes. Mais il rejette en même temps le droit de propriété sans condition ni limite, tel que le paganisme l'a entendu et tel que le libéralisme économique a tenté de le rétablir. Dieu a donné la terre à l'humanité et si, pour mille bonnes raisons, les hommes se la sont appropriée individuellement, il ne faut pas oublier que, dans les desseins de la Providence, elle doit nourrir toute créature humaine (1). Il faut distinguer

____

(1) Cf. Ketteler, 1er sermon sur le droit de propriété.

ici « entre la juste possession des richesses et leur usage légitime ». Sans doute « la propriété privée est de droit naturel » ; mais « si l'on demande en quoi il faut faire consister l'usage des biens, l'Eglise répond sans hésitation : *Sous ce rapport, l'homme ne doit pas tenir les choses extérieures pour privées, mais bien pour communes, de telle sorte qu'il en fasse part facilement aux autres dans leurs nécessités.* » (Encycl.)

Le droit de propriété n'est donc pas un droit absolu d'user et d'abuser, en excluant toute charge, toute servitude au profit de la communauté, toute restriction que pourra exiger le bien public. Ainsi l'avaient compris les siècles de foi, où certains droits de pâturage, de glanage, etc., étaient assurés aux pauvres, et où les biens communaux, les biens des corporations et les biens d'Eglise étaient considérables, et protégés comme le patrimoine réservé aux classes les moins fortunées ou les moins capables de se suffire (1) Sans rappeler expressément tous ces faits, Léon XIII les suppose connus. D'ailleurs, il ne manque pas de faire allusion à cette doctrine théologique d'après laquelle, dans l'extrême nécessité, tous les biens sont communs (2). Conclusion morale cruellement niée par les législations athées ou rationalistes ! Le meurt-de-faim qui étend la main sur le pain nécessaire à sa subsistance, est peut-être coupable d'avoir été réduit à la misère par sa paresse, par son ivrognerie ou d'autres vices ; mais il ne pèche ni contre sa conscience, ni contre la société, dans cet acte même que lui commande la nature ; et les législateurs qui le frappent pour ce seul fait obéissent à l'esprit païen et non pas à l'esprit

----

(1) Cf. Gabriel Ardant, *Les biens du peuple*, (*Association catholique*, juin 1893). Il cite plusieurs passages de Le Play : « La sécurité des populations reposait autrefois sur des institutions positives ; au premier rang de celles-ci ont toujours figuré les droits indivis d'usufruit sur certaines propriétés spéciales, connues sous le nom de biens communaux... Les biens communaux ont exercé dans le passé l'influence la plus heureuse sur le sort des populations rurales. »

(2) « C'est un devoir (de verser le superflu dans le sein des pauvres) *non pas de stricte justice, sauf les cas d'extrême nécessité,* mais de charité chrétienne. »

chrétien. Les législateurs seraient plus injustes encore si, en frappant sans merci le misérable, ils laissaient en paix l'usurier et le concussionnaire qui jouissent insolemment d'une fortune mal acquise.

Mais alors même que des fortunes énormes seraient amassées de la manière la plus honnête et ne seraient dès lors sujettes à aucune restitution, elles n'en resteraient pas moins soumises d'ailleurs à des restrictions, à des limites morales ou à certaines charges que peut exiger le bien général. C'est ainsi que les papes furent amenés, par de graves raisons d'intérêt public, à imposer des restrictions, qui paraîtraient aujourd'hui intolérables, à la grande propriété foncière dans les Etats pontificaux. Clément IV autorisa toute personne à défricher le tiers d'un domaine que son propriétaire s'obstinerait à laisser en friche. Plus tard, nous voyons Sixte IV statuer, dans un édit célèbre que ses successeurs invoqueront plus d'une fois, « qu'il sera permis à l'avenir et toujours, à tous et à chacun, de labourer et d'ensemencer dans le territoire de Rome et du patrimoine de saint Pierre, en Toscane aussi bien que sur le littoral de la Campanie, aux époques voulues et habituelles, un tiers des champs incultes, à leur choix, quel qu'en soit le tenancier... pourvu que, même sans l'obtenir, on en ait demandé la permission, jusqu'à ce qu'intervienne un jugement des supérieurs ou de leurs représentants » (1). Vainement les partisans du droit absolu de propriété tentèrent de persuader au pape de rapporter ce statut : il fut maintenu malgré les juristes, et on peut le regarder comme faisant autorité en matière de droit chrétien et d'économie politique chrétienne.

Ce qui distingue toujours cette économie, issue de l'esprit et du droit de l'Evangile, c'est qu'elle subordonne invariablement la richesse à l'homme, au lieu de subordonner l'homme à la richesse. *Vous ne pouvez servir à la fois Dieu et Mammon*, avait dit Jésus-Christ. Aussi l'E-

____

(1) Gabriel Ardent, *Papes et paysans* (Cf. *Association catholique*, 15 janv. 1891.)

glise érige-t-elle en principe absolu, non la conservation et l'usage de la richesse, mais le bien moral ; à ses yeux, la propriété est un moyen de vivre d'une manière honnête et conforme à son état, mais ne peut être l'objet d'un culte ; le respect de la propriété ne doit donc jamais dégénérer en superstition. Celle-ci distingue les régimes ploutocratiques, où la domination universelle de l'or a remplacé le culte social du vrai Dieu.

2° Avec le droit de propriété, il en est un autre non moins important et qui lui est même antérieur : c'est le droit de percevoir les fruits de son travail ou un juste salaire. C'est surtout par le travail, en effet, que l'homme acquiert les biens qui lui sont nécessaires : il se possède lui-même, il possède ses facultés, avant de les appliquer aux choses extérieures pour s'en emparer et les transformer en véritables richesses. Il importe donc de reconnaître les droits du travail et de ne pas les sacrifier aux droits du capital, sans pourtant les exagérer. Ici encore, dans une matière aussi complexe et aussi délicate, l'Eglise apporte une doctrine juste et précise.

Elle professe, en principe, que le fruit du travail doit appartenir à l'auteur du travail : « De même, dit l'Encyclique, que l'effet suit la cause, ainsi est-il juste que le fruit du travail soit au travailleur. » C'est même par cette considération, entre autres, qu'elle réfute le socialisme, qui frustrerait précisément le travailleur des avantages personnels qu'il se propose (1) et qui sont le fruit de ses labeurs (2). Par exemple, si quelqu'un met en culture un champ ou s'il

(1) « La raison intrinsèque du travail entrepris par quiconque exerce un art lucratif, le but immédiat visé par le travailleur, c'est de conquérir un bien qu'il possédera en propre et comme lui appartenant. »

(2) « Ils ne voient donc pas (les socialistes) qu'ils dépouillent par là cet homme du fruit de son labeur ; car enfin ce champ remué avec art par la main du cultivateur, a changé complétement de nature : il était sauvage, le voilà défriché ; d'infécond il est devenu fertile ; ce qui l'a rendu meilleur est inhérent au sol et se confond tellement avec lui, qu'il serait en grande partie impossible de l'en séparer. Or, la justice tolérerait-elle qu'un étranger vînt alors s'attribuer cette terre arrosée des sueurs de celui qui l'a cultivée ? »

l'achète de ses économies (1), ce champ lui appartient comme une dépendance de sa personne : il l'a marqué, pour ainsi dire, de son empreinte; il est son œuvre, le produit de sa loborieuse activité (2). D'où l'on voit aussitôt que le droit du capital (et nous entendons par là toute propriété mobilière ou immobilière) est fondé de la manière la plus solide sur le droit du travail. Loin donc de s'exclure mutuellement, comme le veulent les socialistes, ces deux droits sont destinés à s'accorder, de même que les personnes auxquelles ils appartiennent, les capitalistes et les travailleurs, les riches et les pauvres : « Les deux classes sont destinées par la nature à s'unir harmonieusement et à se tenir mutuellement dans un parfait équilibre. Elles ont un impérieux besoin l'une de l'autre : il ne peut y avoir de capital sans travail, ni de travail sans capital ».

Le principe de l'accord du capital et du travail est précisément dans cette loi suprême de justice qui les domine tous deux, savoir, que le fruit ou le produit doit être attribué à sa cause, à son auteur (3). Or cette cause offre d'ordinaire des éléments très complexes, surtout dans nos sociétés, où l'industrie et le commerce sont si développés. Elle comprend, en effet, avec le labeur actuel des ouvriers et le

(1) Si donc en réduisant ses dépenses il est arrivé à faire quelques épargnes, et si, pour s'en assurer la conservation, il les a par exemple réalisées dans un champ, il est de toute évidence que ce champ n'est pas autre chose que le salaire transformé : le fonds ainsi acquis sera la propriété de l'artisan au même titre que la rénumération même de son travail. Mais qui ne voit que c'est précisément en cela que consiste le droit de propriété mobilière et immobilière ? »

(2) « Que fait-il (l'homme) en consumant les ressources de son esprit et les forces de son corps pour se procurer ces biens de la nature? Il s'applique pour ainsi dire à lui-même la portion de la nature corporelle qu'il cultive, et y laisse comme une certaine empreinte de sa personne, au point qu'en toute justice ce bien sera possédé dorénavant comme sien. »

(3) Ce principe, croyons-nous, démontre que le régime de la participation aux bénéfices ou du travail et du capital associés est, en thèse générale, plus parfait, c'est-à-dire plus conforme au droit naturel et au droit chrétien que le régime du salariat. Toutefois, il va sans dire que celui-ci est souvent le plus opportun et même le seul possible (V. *Traité de philosophie scolastique,* 2ᵉ éd., 3ᵉ vol.).

travail de la direction, les fonds de toute nature, les machines, l'outillage, les avances, etc., sans lesquels l'industrie ne pourrait s'exercer. Tous ces éléments ou facteurs concourent à la production totale de la richesse. Néanmoins il est facile de voir que le facteur, sinon unique, du moins le plus nécessaire, c'est le travail actuel, sans lequel tous les capitaux et toutes les machines ne produiraient aucun effet utile. Du reste, comme on l'a rappelé plus haut, la fin générale des biens matériels de ce monde est de permettre à l'humanité d'en vivre. Il est donc juste que les travailleurs perçoivent d'abord sur les fruits de leur travail ce qui leur est nécessaire pour vivre selon leur état. Ainsi se justifie la règle tracée par l'Encyclique : en principe, et en droit strict, le salaire doit être suffisant à faire subsister l'ouvrier sobre et honnête (1).

Sans doute ce salaire minimum n'est dû en justice stricte qu'autant qu'il est possible de le prélever sur les bénéfices réels : le salaire, en effet, n'est dû que sur les fruits du travail. Mais on ne voit pas, d'après l'Encyclique, que les propriétaires ou capitalistes puissent prélever du bénéfice net avant d'avoir payé ce minimum : toute industrie doit fournir d'abord le nécessaire à ceux qui l'exercent avant de valoir du superflu à personne.

On a discuté beaucoup pour savoir si le salaire minimum devait être *familial* ou seulement *individuel*. Le salaire familial est celui qui correspond aux besoins d'une famille ouvrière dans des conditions moyennes, c'est-à-dire composée du mari et de la femme avec deux ou trois enfants en bas âge, quelques-uns des enfants plus âgés, s'il en est, pouvant déjà fournir un travail utile et apporter ainsi un complément de salaire. Or ces discussions et les réponses obtenues de Rome établissent suffisamment que le salaire doit être familial, *sinon en justice stricte, du moins selon l'équité naturelle.* La condition normale de

(1) « Il est une loi de justice naturelle plus élevée et plus ancienne (que le consentement des parties contractantes), à savoir que le salaire ne doit pas être insuffisant à faire subsister l'ouvrier sobre et honnête. »

l'ouvrier, en effet, est la vie de famille. D'ailleurs, cette vie est pour lui une cause d'économie en même temps que de dépense : la préparation de la nourriture, l'entretien du linge et des vêtements, etc., sont des industries domestiques, et l'ouvrier est intéressé à recevoir ces services à son foyer, plutôt qu'à les acheter au dehors où ils lui seraient toujours plus onéreux. Au reste, sans insister sur ces détails, il nous suffit de constater ici que l'Eglise a établi ce grand principe, désormais incontestable en morale sociale et en économie politique, que *le salaire doit suffire à la subsistance de l'ouvrier sobre et honnête.*

3° C'en est donc fait de la loi de l'offre et de la demande, considérée comme une loi naturelle, à laquelle le travailleur devrait se résigner jusqu'au bout, comme à l'ordre essentiel des choses, alors même qu'elle conduirait, comme on l'a prétendu, à réduire le salaire au strict nécessaire pour que la classe ouvrière ne meure pas de faim. Selon cette *loi d'airain,* le juste prix dépendrait uniquement de la convention des parties contractantes. Si donc les bras abondent à un moment et sur un point donnés, et cherchent de l'ouvrage à n'importe quel prix, l'employeur ne devra en justice que le prix consenti de part et d'autre, ne serait-ce qu'un morceau de pain ; la charité ou la bienfaisance seules pourront faire un devoir de payer le salaire minimum. Inutile d'ajouter que les évolutionnistes conséquents ne peuvent se reconnaître obligés par aucune de ces deux vertus : leur théorie conduit à sacrifier purement et simplement les bras et les bouches inutiles. Et puis n'a-t-on pas prétendu que la loi de l'offre et de la demande, comme toutes les lois naturelles, corrigerait d'elle-même ses tristes effets ? Si tel genre de travail est trop offert et par conséquent à vil prix, il sera peu à peu délaissé pour des professions plus lucratives, ou bien les travailleurs se transporteront sur d'autres points où leur travail est plus recherché et sera par conséquent plus fructueux : l'équilibre se rétablira donc un peu plus tôt ou un peu plus tard. Il se rétablirait de même, s'il était rompu momentanément au détriment de l'employeur.

Eh bien, c'est contre ces théories, dans ce qu'elles ont

d'absolu, de faux et de barbare, que proteste l'Eglise. Sans doute, il y a des variations nécessaires et justes pour les salaires : tous les prix des choses dépendent, jusqu'à un certain point, de leur rareté et de l'estime qu'on en fait ; et ces variations suffisent pour attirer les travailleurs dans les professions qui manquent de bras, comme aussi pour les éloigner de celles qui sont encombrées. Mais il est faux que les travailleurs puissent toujours changer de profession ou de domicile pour trouver le travail assez lucratif qui leur est nécessaire. Le pourraient-ils facilement, qu'il ne faut pas désirer ni faciliter, en principe, ces changements, qui bouleversent les familles ouvrières, les arrachent au sol et au foyer pour en faire des tribus nomades. Il est faux également que, par suite de l'abondance de l'offre, le travail perde ses droits ; il doit être toujours rémunéré selon sa nature et selon son effet : c'est un travail humain et il confère toujours sur le produit le droit que nous avons déterminé plus haut.

Et ici peu importe que le travailleur en détresse consente à prêter ses bras pour un prix dérisoire : ce consentement, arraché par la nécessité, n'est pas libre. Fût-il libre, il serait sans effet encore ; car, au-dessus du consentement des parties, il y a une loi supérieure qui oblige toujours, comme le démontre l'Encyclique *Rerum novarum*. Mais il faut la citer ; tout commentaire affaiblirait la force de ses expressions :

« Le salaire, ainsi raisonne-t-on, une fois librement consenti de part et d'autre, le patron en le payant a rempli tous ses engagements et n'est plus tenu à rien. Alors seulement la justice se trouverait lésée, si lui refusait de tout solder, ou l'ouvrier d'achever tout son travail et de satisfaire à ses engagements ; auxquels cas, à l'exclusion de tout autre, le pouvoir public aurait à intervenir pour protéger le droit d'un chacun. — Pareil raisonnement ne trouvera pas de juge équitable qui consente à y adhérer sans réserve, car il n'embrasse pas tous les côtés de la question et il en omet de fort sérieux..... Le travail a reçu de la nature comme une double empreinte : il est *personnel*, parce que la force active est inhérente à la personne et qu'elle est la propriété de celui qui l'exerce et qui l'a reçue pour son utilité; il est *nécessaire*, parce que l'homme a besoin du fruit de son travail pour se conserver son existence, et qu'il doit la conserver pour obéir aux ordres irréfragables de la nature. Or, si l'on ne regarde le travail que par le côté où il est personnel, nul doute qu'il ne soit au pouvoir de l'ouvrier de restreindre à son gré le taux du salaire..... Mais il en va autrement si au caractère de *personnalité* on joint celui de *nécessité* dont la pensée peut bien faire abstraction, mais qui n'en est pas séparable en réalité. Et, en effet, conserver l'existence est un devoir imposé à tous les hommes et auquel ils ne peuvent se soustraire sans crime. De ce devoir découle nécessairement le droit de se procurer les choses nécessaires à la subsistance et que le pauvre ne se procure que moyennant le salaire de son travail. Que le patron et l'ouvrier fassent donc tant et de telles conventions qu'il leur plaira, qu'ils tombent d'accord notamment sur le chiffre du salaire, au-dessus de leur libre volonté il est une loi de justice naturelle plus élevée et plus ancienne, à savoir que le salaire ne doit pas être insuffisant à faire subsister l'ouvrier sobre et honnête.

« Que si, contraint par la nécessité, ou poussé par la crainte d'un mal plus grand, il accepte des conditions dures que d'ailleurs il ne lui était pas loisible de refuser, parce qu'elles lui sont imposées par le patron ou par celui qui fait l'offre du travail, c'est là subir une violence contre laquelle la justice proteste. »

Telles sont les limites morales de la loi de l'offre et de la demande en ce qui concerne le contrat de salaire.

4° Cette loi subit des limites non moins remarquables dans les autres contrats, en particulier dans le prêt à intérêt. Est-il permis de prêter de l'argent à n'importe quel taux d'intérêt, si bien qu'il suffise du consentement de l'emprunteur pour légitimer le contrat? Des économistes l'ont soutenu ; ils ont même blâmé toute intervention de la loi qui aurait pour but de fixer un taux d'intérêt, soit en matière civile, soit en matière commerciale ; d'après eux, la liberté individuelle devrait être laissée pleinement à elle-même sur ce point comme sur tant d'autres. A ceux qui leur objectent que, si la loi ne met aucun frein à la cupidité, le fléau de l'usure sévira de toutes parts, dépouillant les malheureux, avec les imprévoyants, et désorganisant la société, ils répondent que l'usure se corrigera d'elle-même ou plutôt qu'elle n'existe pas. Il n'y aurait donc pas d'usuriers, à proprement parler : il n'y aurait que des avares. En effet, disent-ils, si l'emprunteur ne trouve de l'argent qu'à un taux élevé, cela provient de la rareté des capitaux ou de son peu de crédit et du danger que le capital court entre ses mains ; mais ces circonstances légitiment précisément un taux d'intérêt plus ou moins élevé et proportionnel. Au reste, ajoutent-ils, si les intérêts accordés sont très avantageux, ils ne tarderont pas à attirer les capitaux, et l'abondance de ceux-ci réduira naturellement le taux d'intérêt, qui redeviendra normal ; il en sera de l'intérêt comme du salaire et, en général, de tous les prix.

— Mais nous avons vu que les raisons alléguées pour abandonner le salaire à toutes les fluctuations de la loi de l'offre et de la demande n'étaient pas justes : celles qu'on allègue maintenant ne sont pas meilleures. Il est faux que l'abondance ou la rareté des capitaux et la solvabilité de l'emprunteur ou le danger que court le capital entre ses mains soient les seules causes qui déterminent, en fait, le taux de l'intérêt. Les capitaux peuvent être abondants, mais à la discrétion d'un petit nombre de détenteurs exigeants ou même coalisés, qui ne l'accordent aux emprunteurs, surtout aux plus petits, qu'à des conditions trop onéreuses. Il est faux, en particulier, que l'intérêt exigé par le prêteur soit toujours, toutes choses égales d'ailleurs, en raison du danger que court le capital entre les mains de l'emprunteur. Celui-ci peut être parfaitement solvable et hypothéquer même solidement toutes ses dettes, tout en étant réduit cependant à payer les intérêts les plus élevés. Il arrivera toujours que des emprunteurs malheureux ou imprévoyants, pressés par la nécessité ou pour des motifs moins avouables, consentiront à emprunter de l'argent à un taux

excessif; or leur misère ou leur imprudence ne saurait
créer par elle-même un droit pour le prêteur à percevoir
l'intérêt qui lui est consenti. Enfin l'on ne peut nier que
l'usure n'ait été dans tous les temps une plaie sociale; même
en notre siècle, on a vu les propriétaires de la Hongrie, pour
ne citer que ce pays particulièrement éprouvé, dépossédés
en masse par les usuriers, qui ont réussi à s'approprier le
plus clair de la richesse nationale. Menacée par le même
fléau, la Russie ne peut se défendre que par des lois protectrices et des mesures sévères.

Si l'on considère ces abus, on s'explique mieux que la législation, au moyen âge, ait peu favorisé le prêt à intérêt ; on
conçoit même que la perception de tout intérêt ait pu être
prohibée en certains temps et en certaines circonstances ;
on conçoit aussi que les législateurs contemporains, sans
montrer la même séverité, aient limité cependant le taux
de l'intérêt. Toutes ces *lois restrictives* et plus ou moins
bien adaptées aux nécessités des temps, ont été inspirées
par la même pensée, celle de défendre les faibles et les
imprévoyants contre les entreprises de la rapacité et de
l'injustice. L'économiste chrétien ne peut donc, en principe,
absoudre l'usure, ni blâmer les lois qui la répriment
et auxquelles l'Église s'est montrée si nettement favo-
rable.

Mais si ces lois déterminent le point où commence *l'usure
légale*, celle qui tombe sous certaines pénalités, elles ne déterminent pas toujours l'usure elle-même, celle qui est contraire au droit naturel et doit être réprouvée par la
conscience et l'opinion. En quoi consiste donc celle-ci ? —
Elle consiste à percevoir un intérêt sans titre suffisant.
S'il n'y a pas ce que les théologiens ont appelé le danger du
capital *(periculum sortis)*, la cessation de gain *(lucrum ces-
sans)*, le dommage éprouvé *(damnum emergens)* ou des
titres analogues, le prêteur ne peut exiger aucun intérêt, il
ne peut rien exiger en vertu du prêt lui-même *(vi mutui)*.
Et s'il y a l'un ou plusieurs de ces titres extrinsèques, l'intérêt à percevoir devra se mesurer sur eux. Au delà il
deviendrait usuraire, le prêteur percevrait ce qui ne lui est

pas dû. Si, par exemple, il se prévaut de l'embarras où se trouve l'emprunteur, il commet une usure.

D'ailleurs il faut bien reconnaître qu'en des matières si complexes il est difficile de fixer exactement les limites du juste et de l'injuste : elles dépendent beaucoup de l'état économique, du point de développement où sont parvenus le commerce et l'industrie. C'est pourquoi des lois positives sont ici opportunes et même nécessaires non seulement pour limiter le taux de l'intérêt, mais encore pour en déterminer d'une manière générale la licéité. L'Eglise cependant n'a pas approuvé positivement et directement les lois de ce genre sous lesquelles nous avons vécu en ce siècle : elle a seulement prononcé qu'il n'y avait pas lieu d'inquiéter ceux qui en profitaient. On peut donc supposer qu'elles ont souvent déterminé et protégé la perception d'un intérêt légitime, comme aussi qu'elles ont plus d'une fois abrité la perception d'un intérêt qui n'était guère conforme au droit naturel ni surtout à l'esprit chrétien.

Ce qui domine toute cette matière, ce n'est pas seulement un principe de charité. A ne considérer que cette vertu, qui résume le christianisme, le prêt à intérêt devrait faire place à de simples services gratuits ou à des contrats d'association et autres de même genre, qui uniraient mieux le capitaliste et l'emprunteur. On sait que la loi mosaïque prohibait le prêt à intérêt entre concitoyens et l'on ne voit pas pourquoi les peuples chrétiens seraient condamnés à une moindre perfection sur ce point. Mais ce qui domine toute cette matière, c'est encore un principe de justice, sans cesse affirmé ou supposé par les théologiens, et qui découle immédiatement du droit de chacun sur le fruit de son propre travail ; on peut le formuler ainsi : *Il n'est pas permis de s'approprier le fruit du travail d'autrui, sans une compensation suffisante et tout au moins sans son juste consentement ;* si nous usons du travail d'autrui, nous devons, en bonne justice, dépenser à son profit ce qu'il a dépensé au nôtre. Ce principe n'est autre que celui de l'égalité dans les contrats. Or il est violé dans l'usure, souvent de la manière la plus odieuse.

C'est pourquoi l'Eglise a toujours réprouvé avec horreur
les pratiques usuraires : elles sont particulièrement crimi-
nelles quand elles dépouillent le pauvre de ses épargnes et
l'arrachent même à son foyer. Dans l'encyclique *Rerum*
novarum, Léon XIII ne renouvelle pas formellement ces
condamnations, mais il les rappelle et il stigmatise d'un
mot qui restera (*usura vorax*) ce vice qui continue à sévir
sous d'autres formes et auquel le monde doit la plupart de
ses maux, l'inégalité énorme des fortunes et la division des
classes (1).

5° Les principes que nous venons d'énoncer ne condamnent pas seulement l'usure proprement dite, celle qui
entache le prêt à intérêt, mais encore une foule d'autres
injustices, qui désorganisent le monde économique et dé-
moralisent toute la société. On peut les comprendre toutes
sous le nom général d'*usure*, car elles consistent invariablement à s'approprier le fruit du travail d'autrui sans
l'avoir mérité. Citons ici les droits énormes prélevés par
des banques dans certaines émissions, des frais de commis-
sion que rien ne justifie et que l'on a flétris du nom de
« pot-de-vin », certains droits de publicité non moins arbi-
traires et non moins exorbitants, qui revêtent même plus
d'une fois la forme du chantage. Ces injustices se pratiquent
en grand dans notre société contemporaine, comme l'ont
prouvé aux plus incrédules et aux moins clairvoyants eux-
mêmes des procès retentissants ; elles nous menacent d'une
révolution prochaine ou d'une décadence irrémédiable, si
la justice, qui seule élève et conserve les nations, ne reprend
parmi nous plus d'empire.

A la lumière de ces mêmes principes, on voit que les fortunes colossales qui se sont élevées rapidement dans notre
siècle ne peuvent guère se justifier. Comment des centaines
de millions et des milliards peuvent-ils être amassés légitimement en si peu de temps par un seul homme ou une

---

(1) « Une usure dévorante est venue ajouter encore au mal. Con-
damnée à plusieurs reprises par le jugement de l'Eglise, elle n'a cessé
d'être pratiquée sous une autre forme par des hommes avides de gain,
d'une insatiable cupidité. »

seule famille, si le travail fourni et les services rendus à la société doivent être, en définitive, la source principale, sinon même unique, de la richesse ? La réponse de la morale naturelle et de la théologie ne semble pas douteuse. Au point de vue économique, ces fortunes énormes ne jouent pas un rôle bienfaisant ; car elles rompent l'équilibre nécessaire à la juste indépendance de chacun et au bien-être de tous. Il en est de la centralisation excessive des capitaux comme de celle des pouvoirs, qui est incontestablement mauvaise dans l'ordre politique : comment donc la première serait-elle bienfaisante dans l'ordre économique? D'ailleurs cet ordre réagit sur l'autre, et le trouble passe invariablement de l'un à l'autre. L'Encyclique signale précisément cette invasion démoralisante de l'argent dans la politique, quand elle dénonce « une faction qui, maîtresse absolue de l'industrie et du commerce, détourne le cours des richesses et en fait affluer en elle toutes les sources ; *faction d'ailleurs qui tient en sa main plus d'un ressort de l'administration publique.* » En plaçant dans quelques mains qui n'ont pas le droit de gouverner des moyens d'action tout-puissants, pour ainsi dire, les fortunes colossales induisent leurs détenteurs à usurper une influence tyrannique. Sans parler directement de l'influence politique, étant donné le pouvoir actuel de l'argent qui permet d'acheter la presse et toutes les âmes vénales, de créer de véritables monopoles, de disposer des finances publiques, de favoriser singulièrement le crédit de puissances étrangères hostiles, les capitalistes les plus puissants nous apparaissent comme un Etat dans l'Etat ; l'ordre moral et l'ordre politique en souffrent nécessairement, et il n'est pas admissible que la société n'ait pas le droit de se défendre ; elle ne peut rester à la merci de personne, mais elle doit sauvegarder la liberté de tous et de chacun gravement menacée. Au reste, les exemples donnés, dans les siècles passés, par les Etats chrétiens qui eurent à s'affranchir de la domination de l'argent, confirment et au delà toutes ces conclusions (1).

(1) Cf. Auzias-Turenne, *Les Juifs et le droit ecclésiastique* (*Revue*

6° Les mêmes principes qui condamnent l'usure, condamnent aussi les monopoles, les accaparements, les spéculations malhonnêtes (1). En effet, toutes ces pratiques,
dont le libéralisme économique prend trop facilement la
défense, faussent le prix naturel des choses et violent finalement l'égalité des contractants, en privant l'un d'eux du fruit
de son travail. S'il y a des monopoles légitimes, ce n'est qu'à
titre d'exception, en vertu de principes indirects. Par exemple certains monopoles exercés par l'Etat (tabac, poste, télé-
graphe), peuvent être justifiés comme étant de véritables
impôts sagement répartis, faciles à lever et d'un riche
rapport. Mais si l'Etat a le droit d'alimenter son trésor par
ce moyen aussi bien que par d'autres, les particuliers ne
l'ont point, et s'il arrive qu'ils l'usurpent, l'Etat doit défen-

cath. des institutions et du droit, oct. 1893). Après avoir rappelé les
canons des conciles qui ordonnaient aux chrétiens d'être humains
envers les Juifs, mais de les tenir à l'écart et dans la soumission,
l'auteur ajoute : « Maintenant quand, par la faute des peuples qui
n'ont pas observé ces règles si sages, les Juifs se sont enrichis, que
l'or et l'argent sont exclusivement entre leurs mains, qu'ils pressurent
à outrance des millions de malheureux, qui ont eu, il est vrai, le tort
de recourir à eux; quand d'autre part quelque grand événement intéressant la chrétienté tout entière, comme une croisade par exemple,
rend nécessaires des mesures promptes et énergiques, alors les papes
appliquent au moins partiellement le principe de Pierre le Véné-
rable : *Reservetur eis vita, auferatur eis pecunia* » (p. 301). Il cite ensuite de Mgr Meurin, dont il loue le récent ouvrage sur la franc-
maçonnerie, les lignes suivantes : « L'expulsion des Juifs d'un pays
est un manque de charité, de justice envers les pays voisins... Elle
est également une mesure trop dure contre ceux d'entre les Juifs qui
ne sont pas coupables des crimes de la poignée audacieuse qui, au
moyen de la franc-maçonnerie, exploite la nation. Il suffirait, croyons-
nous, de défendre aux Juifs d'être banquiers, marchands, journalistes,
professeurs, médecins, pharmaciens. Il ne semble pas injuste de déclarer les fortunes gigantesques de certains banquiers propriété nationale, parce qu'il n'est pas admissible qu'un homme puisse par des
manœuvres financières amasser en peu de temps une fortune plus
que royale et appauvrir ainsi le pays qui lui donne l'hospitalité »
(p. 315).
(1) Dès le début de l'Encyclique, Léon XIII signale, parmi les causes qui réduisent à la misère tant d'hommes qui ne le méritent point:
la concurrence effrénée, l'usure, le monopole du travail et des effets
de commerce.

dre les citoyens contre cette exigence, qui est une véritable rapine.

Ici encore l'école libérale prétend que les accaparements corrigent d'eux-mêmes leurs mauvais effets et que le mieux est de « laisser faire », d'abandonner les choses à leur cours naturel. Mais l'économie chrétienne ne peut accepter cette règle de conduite : tout en admettant que le pouvoir public ne doit intervenir qu'avec discrétion, elle maintiendra, en principe, qu'il doit intervenir avec plus ou moins de sévérité selon les cas. L'on peut même se demander, à ce propos, s'il ne serait pas opportun de frapper de peines proportionnées, par exemple de confiscation partielle ou même intégrale, les grosses fortunes dont on abuse pour réaliser de prodigieux accaparements ou poursuivre d'autres spéculations malhonnêtes qui portent un grave préjudice aux classes pauvres, obligées de payer à un prix surfait les choses nécessaires à la vie, telles que le pain, le sucre, le café, le pétrole.

Une concurrence effrénée ne doit pas mieux trouver grâce devant l'économie chrétienne (1). On sait, d'ailleurs, que la concurrence qui aboutit à la ruine de l'un des concurrents en abaissant momentanément les prix de vente au-dessous des prix de revient, a pour dernier effet une surélévation excessive au profit du vainqueur et au détriment de la clientèle. Or il appartient à l'autorité d'empêcher ce second abus et par conséquent le premier. A un autre point de vue, moral, il est vrai, celui qui cherche à écraser son concurrent, en ne le traitant plus comme un émule, mais comme un ennemi mortel, commet une faute, disons même un crime, contre la charité et la justice fraternelle, et, comme cette faute a un effet social et économique, il n'est pas permis au pouvoir de s'en désintéresser tout à fait. L'économiste chrétien, qui admet que le vice et le désordre moral sont des causes toujours efficaces de malaise économique, doit condamner toute pratique immorale comme

---

(1) Elle est stigmatisée dans cette phrase de l'Encyclique qui parle de « la cupidité d'une concurrence » dont sont victimes les « travailleurs isolés et sans défense. »

étant essentiellement anti-économique. Au reste, nous devons remarquer ici que le soin de prendre les mesures nécessaires pour prévenir ou réprimer les concurrences sans frein ou déloyales, devrait être dévolu aux corporations ou associations professionnelles, chacune statuant dans sa sphère où elle est parfaitement compétente, plutôt que réclamé directement de l'Etat.

7° L'intervention du pouvoir doit toujours être discrète, réglée, de manière à n'offenser aucun droit préexistant et supérieur. Mais cette intervention est nécessaire, en fait, autant que légitime en principe : l'économiste chrétien ne saurait en douter. Il ne croit pas que la liberté individuelle suffise à constituer la société et à la rendre prospère ; il ne croit pas que le travail s'organise de lui-même dans la cité humaine comme dans une ruche, où les abeilles sont dirigées par leur instinct ; il ne croit pas que l'ordre économique tout entier, les justes relations du capital et du travail, celles de l'agriculture, de l'industrie et du commerce s'établissent d'elles-mêmes, comme l'équilibre entre les éléments de la nature. Il y a une *justice distributive* dont aucune société ne peut se passer ; or l'Etat seul peut l'observer.

Nous avons vu précédemment que les faits économiques dépendent, pour une part décisive, des lois et des institutions humaines. Sans doute, ce serait une grave erreur de prétendre que la législation suffit dans l'ordre économique ; mais ce serait une erreur non moins grave de soutenir qu'elle n'est pas nécessaire : « Ce qu'on demande aux gouvernants, dit à ce sujet Léon XIII, c'est un concours d'ordre général, qui consiste dans l'économie tout entière des lois et des institutions ; Nous voulons dire qu'ils doivent faire en sorte que, de l'organisation même et du gouvernement de la société, découle spontanément et sans efforts la prospérité tant publique que privée ». Or, poursuit Léon XIII, ce qui fait la prospérité d'une nation « c'est la probité des mœurs, des familles fondées sur des bases d'ordre et de moralité, la pratique de la religion et le respect de la justice, une composition modérée et une répartition équitable des charges publiques, le progrès de l'industrie et du commerce, une agriculture florissante et d'autres éléments, s'il en est, du même genre, toutes choses que l'on ne peut porter plus haut sans faire monter d'autant la vie et le bonheur des citoyens. De même donc que, *par tous ces moyens, l'État peut se rendre utile* aux autres classes, de même il peut grandement améliorer le sort de la classe ouvrière ; et cela *dans toute la rigueur de son droit* et sans avoir à redouter le reproche d'ingérence ; car, en vertu même de son office, l'État doit servir l'intérêt commun ».

Il ne suffit donc pas que les personnes privées, les familles et les associations particulières contribuent, chacune de son côté, à la prospérité publique, en recherchant la leur propre : il faut encore, il faut même surtout que l'autorité publique prenne elle-même souci du bien général et le procure par de bonnes lois et un sage gouvernement. Il appartient donc à l'autorité publique de veiller sur tout le corps social et sur toutes les classes dont il se compose, de protéger tous les droits et de réprimer tous les abus, surtout ceux dont les faibles seraient les victimes ; il lui appartient de prévenir le mal, d'écarter les dangers par tous les moyens raisonnables dont elle dispose ; il lui appartient enfin, on ne peut le contester, de seconder à sa manière la Providence, par conséquent de soutenir et de promouvoir le bien public, et d'être ainsi un principe actif et constant de perfectionnement et de progrès social : « Aux gouvernants, dit encore Léon XIII, il appartient de protéger la communauté et ses parties... Toute autorité vient de Dieu et est une participation de son autorité suprême ; dès lors ceux qui en sont les dépositaires doivent l'exercer à l'instar de Dieu, dont la paternelle sollicitude ne s'étend pas moins à chacune des créatures en particulier qu'à tout leur ensemble. Si donc soit les intérêts généraux, soit l'intérêt d'une classe en particulier se trouvent ou lésés ou simplement menacés, et qu'il soit impossible d'y remédier ou d'y obvier autrement, il faudra de toute nécessité recourir à l'autorité publique ». — « Les droits, où qu'ils se trouvent, doivent être religieusement respectés et l'Etat doit les assurer à tous les citoyens, en prévenant ou en vengeant leur violation ».

On peut donc attendre le plus grand bien de l'action constante, comme aussi de l'initiative et de l'intervention du pouvoir, à la condition cependant qu'il soit exercé avec justice et discrétion. Il en serait tout autrement, si les dépositaires du pouvoir étaient hostiles à l'Église ou imbus de fausses théories sociales. Aussi, avant d'énumérer les secours qu'on peut espérer de l'Etat, Léon XIII déclare-t-il qu'il entend par l'État « non point tel gouvernement établi chez tel peuple en particulier, mais tout gouvernement qui répond aux préceptes de la raison naturelle et des enseignements divins ».

Cependant, il ne faudrait pas conclure de ce passage que l'État qui manque à quelques-uns de ses devoirs essentiels est par là même dispensé des autres, ou que les citoyens n'en doivent jamais réclamer l'accomplissement. Cette conclusion serait étrange, elle nous ramènerait à l'individualisme et au libéralisme. Saint Paul en appelait à César de la violence dont il était victime, et César s'appelait Néron. Et puis, comme tous les États actuels, ou à peu près, manquent à plusieurs de leurs devoirs essentiels, il s'ensuivrait que les instructions si graves et si détaillées de Léon XIII en cette matière n'ont aucune portée pratique. Aucun catholique ne doit donc se laisser arrêter par ces sophismes, mais tous doivent reconnaître seulement que, dans les cas de souffrance sociale, il ne faut recourir à l'État hostile à l'Église qu'avec une particulière discrétion. Il est maintes réformes sociales ou mesures avantageuses, en effet, qu'un État, même très hostile à la religion, sera disposé à accorder pour des motifs d'ailleurs peu louables. Or les catholiques manqueraient à leur devoir, s'ils ne sollicitaient pas alors de l'État tout le bien qu'il peut leur accorder ; ils seraient plus coupables ou plus imprévoyants encore, s'ils laissaient à leurs adversai. es, les socialistes par exemple, l'initiative des mesures populaires, généreuses et justes, de ces « mesures promptes et efficaces » que sollicite Léon XIII. Une abstention systématique et complète serait impardonnable : au lieu d'atténuer les maux dont nous souffrons, elle en provoquerait de plus grands.

8° Toutefois, en exerçant un rôle qui est si important, l'État doit se renfermer dans ses attributions ; il ne doit jamais empiéter sur les droits essentiels des individus ni sur ceux des familles : « Il est dans l'ordre, dit l'Encyclique, que ni l'individu ni la famille ne soient absorbés par l'État ; il est juste que l'un et l'autre aient la faculté d'agir avec liberté aussi longtemps que cela n'atteint pas le bien général et ne fait injure à personne. » Les familles sont des sociétés réelles, quoique très petites, et de leur nature antérieures à l'État (1) : elles jouissent donc d'une autonomie, d'une liberté, de privilèges que l'État doit respecter et qu'il ne peut tenter de ravir qu'en se frappant lui-même ; car détruire les familles ou les affaiblir, c'est ruiner ou affaiblir la société. « L'autorité paternelle ne saurait être abolie ou absorbée par l'État... En substituant à la providence paternelle la providence de l'État, les *socialistes* vont *contre la justice naturelle* et brisent les liens de la famille. » Celle-ci a le droit de se gouverner elle-même et de pourvoir à son propre bonheur, avant que l'État ait le droit d'intervenir pour lui porter secours, si elle tombait « dans une situation désespérée » ou si elle devenait « le théâtre de graves violations de droits mutuels ». Elle a le droit d'acquérir un patrimoine, de le conserver et de le transmettre aux enfants : « En passant dans la société domestique », le droit de propriété « y acquiert d'autant plus de force que la personne humaine y reçoit plus d'extension ».

A son tour, l'individu relève de lui-même avant d'appartenir de quelque manière à l'État : il a le droit de conserver

______

(1) « Voici donc la famille, c'est-à-dire la société domestique, société très petite sans doute, mais réelle et antérieure à toute société civile, à laquelle dès lors il faudra de toute nécessité attribuer certains droits et certains devoirs absolument indépendants de l'État... La société domestique a sur la société civile une priorité logique et une priorité réelle, auxquelles participent nécessairement ses droits et ses devoirs. »

sa dignité morale et de remplir tous ses devoirs religieux ;
il a droit sur les fruits de son travail, il peut en disposer
à son gré, amasser des économies, devenir propriétaire, et
aucun pouvoir humain ne peut le dépouiller. L'Église a
maintes fois proclamé ces droits individuels et ces droits de
la famille : ils sont au-dessus de toutes les atteintes de
l'État, et Léon XIII va jusqu'à dire « que si les individus,
si les familles entrant dans la société y trouvaient au lieu
d'un soutien un obstacle, au lieu d'une protection une dimi-
nution de leurs droits, la société serait bientôt plus à fuir
qu'à rechercher ». L'Église condamne donc hautement et à
jamais tout socialisme, le socialisme d'État, fût-il d'ailleurs
établi pacifiquement, aussi bien que le socialisme révo-
lutionnaire.

9° Mais elle réprouve également le libéralisme. En effet,
si l'État doit se borner à protéger extérieurement, pour
ainsi dire, les familles et les individus qui se suffisent et
obtiennent par leurs seules forces, dans la société, leur fin
particulière, il doit intervenir positivement en faveur de
ceux qui sont incapables de se soutenir ou de se soustraire
à certains abus et de faire respecter leurs droits : « Dans la
protection des droits privés, il doit se préoccuper d'une
manière spéciale des faibles et des indigents. La classe riche se fait comme un rempart de ses richesses et a moins
besoin de la tutelle publique. La classe indigente, au contraire, sans richesse pour la mettre à couvert des injustices,
compte surtout sur la protection de l'État. Que l'État se
fasse donc, à un titre tout particulier, la providence des travailleurs, qui appartiennent à la classe pauvre en général ».
Dans le système économique tel que l'Église l'entend, les
faibles ne seront jamais abandonnés. Et le pouvoir n'atten-
dra pas qu'il succombent ; il préviendra autant que possible
leur chute et leur détresse : si... l'intérêt d'une classe se
trouve lésé ou *simplement menacé* « et qu'il soit impossible
d'y remédier ou d'y obvier autrement, il faudra de toute
nécessité recourir à l'autorité publique ». Il est même
d'autant plus sage, au point de vue économique, de prévenir
l'écrasement des faibles, qu'il serait plus onéreux et plus

difficile ensuite de les relever, lorsqu'ils auraient été tout à fait abattus. Au contraire, grâce à quelques mesures protectrices, ils pourront le plus souvent se soutenir et même prospérer ; la société conservera donc en eux des membres valides et actifs, qui contribueront pour leur part au bien public.

C'est par des considérations de ce genre que se justifient diverses interventions du pouvoir, surtout en ce qui concerne la réglementation du travail : « Que la justice soit religieusement gardée, dit l'Encyclique, et que jamais une classe ne puisse opprimer l'autre impunément...C'est pourquoi, s'il arrive que les ouvriers, abandonnant le travail ou le suspendant par les grèves, menacent la tranquillité publique ; que les liens naturels de la famille se relâchent parmi les travailleurs ; qu'on foule aux pieds la religion des ouvriers, en ne leur facilitant point l'accomplissement de leurs devoirs envers Dieu ; que la promiscuité des sexes, ou d'autres excitations au vice constituent dans les usines un péril pour la moralité ; que les patrons écrasent les travailleurs sous le poids de fardeaux iniques, ou déshonorent en eux la personne humaine par des conditions indignes et dégradantes ; qu'ils attentent à leur santé par un travail excessif et hors de proportion avec leur âge et leur sexe ; dans tous ces cas, il faut absolument appliquer, dans de certaines limites, la force et l'autorité des lois ; les limites seront déterminées par la fin même qui appelle le secours des lois ; c'est-à-dire que celles-ci ne doivent pas s'avancer ni rien entreprendre au delà de ce qui est nécessaire pour réprimer les abus et écarter les dangers. »

10° Ces mesures visent surtout la classe ouvrière, les travaux de l'usine ou de l'atelier. Mais il y a d'autres mesures de protection dont bénéficieront tous les membres des classes les plus modestes et les plus laborieuses et que l'Encyclique recommande expressément : « Il importe, dit-elle, que les lois favorisent l'esprit de propriété, le réveillent et le développent autant qu'il est possible dans les masses populaires. Ce résultat... serait la source des plus précieux avantages... Que l'on stimule l'industrieuse activité du peuple par la perspective d'une participation à la propriété du sol, et l'on verra se combler peu à peu l'abîme qui sépare l'opulence de la misère et s'opérer le rapprochement des deux classes. »

Il faut donc favoriser l'épargne chez le peuple, il faut faciliter à tous l'accès de la propriété ; il faut encourager les familles ouvrières et agricoles à l'acquisition d'un foyer, d'un patrimoine, et lorsqu'elles seront parvenues à le posséder, il faudra en protéger la conservation. Car ce bien familial est d'autant plus précieux qu'il est plus modeste, et quand on considère combien il est indispensable à la stabilité et à la sécurité de la famille, combien de labeurs persévérants et d'épargnes douloureuses il a coûté, il apparaît comme quelque chose de sacré. Il serait odieux de le charger d'impôts qui équivaudraient à une confiscation, à la négation du droit de propriété : l'Etat n'a pas le droit de les lever. Il faut veiller à ce que l'usure ou d'autres injustices ne parviennent pas à dépouiller les travailleurs de leur salaire ni les familles de leur patrimoine : de toute manière l'Etat doit être le gardien et le vengeur de la justice et frapper d'autant plus sûrement les coupables que leurs victimes sont plus faibles, plus dignes de sympathie, plus incapables de se défendre. Voilà ce qui ressort clairement de l'Encyclique (1).

Et lorsque, en face de ces principes, on met la conduite tenue trop souvent dans notre siècle par les législateurs ou les administrations publiques, on demeure confondu des injustices sociales qui ont été commises et auxquelles le petit nombre de ceux qui s'en indignent cherchent vainement un remède. Faut-il rappeler quelques faits ? Les premiers sont constatés dans un rapport officiel (2 et 3 janv.

___

(1) « Les riches doivent s'interdire religieusement tout acte violent, toute fraude, toute manœuvre usuraire qui serait de nature à porter atteinte à l'épargne du pauvre, et cela d'autant plus que celui-ci est moins apte à se défendre et que son avoir, pour être de moindre importance, revêt un caractère plus sacré ». — « L'autorité publique agit contre la justice et l'humanité quand, sous le nom d'impôt, elle grève outre mesure les biens des particuliers. »

1894). Dans une seule année, en 1890, malgré certaines réformes qui datent de 1884, on a compté 2,643 ventes judiciaires de 500 fr. au maximum (parmi lesquelles un grand nombre intéressant des enfants mineurs), dont le produit a été de 687,286 fr., alors que les frais se sont élevés à 775,958 fr. On a compté 2,522 ventes de 500 fr. à 1,000 fr., dont le produit a été de 1,908,618 fr., contre 812,621 fr. de frais, ceux-ci diminuant toujours à mesure que le capital augmente. Voilà donc, en une seule année, quelques milliers de petits héritages, dont un bon nombre constituent le seul avoir de pauvres orphelins, détruits de la manière la plus odieuse : « C'est un scandale, écrit à ce sujet M. Fougerousse. Pendant qu'on s'évertue, de toutes parts, à créer la propriété ouvrière, notre code l'anéantit. Ce scandale ne peut pas durer plus longtemps, si on ne veut pas que le socialisme conserve son argument le plus solide de l'impossibilité du relèvement des prolétaires » (1).

Faut-il rappeler qu'avant 1884, cette iniquité, digne des races qui vivent de pillage et se dévorent entre elles, sévissait plus encore et que c'est par centaines de mille qu'il faut compter les petits patrimoines détruits ainsi dans leur germe ? Faut-il rappeler ensuite que nombre de nos impôts, dits de consommation, pèsent d'autant plus lourdement sur les fortunes qu'elles sont plus petites ; ce qui constitue un véritable impôt progressif, mais à rebours ? D'après certains calculs, sur le salaire annuel d'un père de

---

(1) *Réforme sociale*, 16 janv. 1894, p. 168. Constatons encore, avec le même auteur, que la moyenne des frais qui accompagnent les ventes de petits immeubles « est de 112 fr. 90 par 100 fr. du prix de vente pour les immeubles de 500 fr. et au-dessous, tandis qu'elle n'est plus que de 2,44 % pour les immeubles de plus de 10,000 fr. La proportion de 112,90 se trouve même fortement dépassée dans certains ressorts de cours d'appel : elle atteint 117,06 à Rennes ; 129,45 à Lyon... 276,04 à Bastia. Le rapport ajoute même qu'elle est arrivée à 303,16 % en 1892, dans le ressort de Bastia. On voit que malgré la loi de 1884, malgré les circulaires adressées aux présidents de cours d'appel pour la leur rappeler, les ventes sur saisie ou sur licitation des petits immeubles continuent à être un véritable effondrement pour les petits immeubles. »

famille habitant une grande ville, l'impôt prélèverait facilement le cinquième et davantage.

Faut-il rappeler, en outre, que la petite épargne n'a pas
été défendue par les pouvoirs publics contre les entreprises
de financiers audacieux et sans conscience ; que, dans le
désastre du Panama, par exemple, pour ne citer que le plus
célèbre, nombre de fortunes petites ou moyennes ont gravement souffert ou même sombré ? On évalue à quinze
milliards les pertes éprouvées depuis vingt ans par l'épargne
française petite ou moyenne. Et ici il n'est pas permis
d'accuser, ordinairement du moins, la cupidité ou l'imprévoyance des prêteurs : ceux qui les trompaient effrontément
ou qui ont provoqué les catastrophes se présentaient bien
souvent avec toutes les garanties de l'honnêteté; la plupart
appartenaient à l'ordre de la Légion d'honneur, ils étaient
plus d'une fois appuyés ostensiblement par le pouvoir,
quand ils ne faisaient pas eux-mêmes partie du parlement.
D'ailleurs l'imprévoyance des victimes ne dispenserait pas
l'Etat de les défendre : celui-ci n'est pas dispensé de sévir
contre les malfaiteurs qui dévalisent les voyageurs assez
imprudents pour se risquer de nuit dans une forêt infestée.

Toutes ces causes persistantes, toutes ces injustices sociales trop souvent renouvelées, expliquent pour une bonne
part la rupture de l'équilibre entre les classes sociales et,
selon l'expression de l'Encyclique, cette « affluence de la
richesse dans les mains du petit nombre à côté de l'indi-
gence de la multitude ». Car cette inégalité excessive des
fortunes est un fait que certains économistes ont vainement cherché à nier. Bien des esprits aigris par le malheur
et l'iniquité, par leur « misère imméritée » plutôt que par
la jalousie ou d'autres vices, sont venus à se persuader qu'il
y a une lutte naturelle, nécessaire, sans merci entre les
riches et les pauvres, entre le capital et le travail (1). C'est

(1) Et ils ne se tromperaient pas, si les doctrines du libéralisme
économique étaient vraies. A ce sujet, on a remarqué que « le socialisme moderne ne paraît pas dériver des doctrines similaires antérieures. Il ne vient ni de Platon ni de Morus ou de Campanella, ni
de Rousseau ou de Mably. Il est une transformation des idées écono-

là, sans doute, une très grave et très dangereuse erreur, contre laquelle proteste l'Eglise (1) : les classes sociales, en effet, de même que « les membres dans le corps humain », sont faites les unes pour les autres, elles ne trouveront la paix et le bonheur que dans leur union fraternelle ; de même le capital et le travail sont nécessaires l'un à l'autre, et ne produiront tous leurs fruits que dans une alliance équitable. Mais on comprend trop bien que plus d'un travailleur se prenne à douter, et à rêver d'un état social nouveau, élevé sur les ruines de l'ancien. La division et la discorde entre les classes seraient bien plus graves, elles seraient même irrémédiables, si la charité et les autres vertus chrétiennes n'avaient pansé bien des plaies sociales, apaisé bien des colères, adouci bien des amertumes. Mais la charité, avec les institutions et les œuvres admirables qu'elle inspire, n'est pas la seule vertu à laquelle il faille recourir ; d'ailleurs elle est méconnue ou mal pratiquée par un grand nombre d'hommes, dont les meilleurs paraissent la réduire à l'exercice de l'aumône : il faut donc recourir, en outre, aux vertus naturelles et aux « moyens humains » ; il faut faire appel à tous sans distinction, à l'Etat, aux patrons, aux ouvriers ; il faut arriver par tous les concours, et le plus tôt possible, à prendre ces « mesures promptes et efficaces », qu'on ne peut plus différer sans courir les plus grands dangers, sans rendre même le mal incurable (2).

miques d'A. Smith et de J.-B. Say. » (Espinas, *Hist. des idées économiques.*)

(1) « L'erreur capitale, dans la question présente, c'est de croire que les deux classes sont ennemies-nées l'une de l'autre, comme si la nature avait armé les riches et les pauvres pour qu'ils se combattent mutuellement dans un duel obstiné. C'est là une aberration telle qu'il faut placer la vérité dans une doctrine entièrement opposée. » (Encycl.)

(2) « Une cause de cette gravité demande encore d'autres agents leur part d'activité et d'efforts. Nous voulons parler des gouvernants, des maîtres et des riches, des ouvriers eux-mêmes dont le sort est ici en jeu. » — « Il n'est pas douteux que, pour obtenir le résultat voulu, il ne faille de plus recourir aux moyens humains. Ainsi, tous ceux que la cause regarde doivent viser au même but et travailler de concert, chacun dans sa sphère. » — « Que chacun se mette à la part

11° **Parmi** les moyens de salut que l'Eglise a toujours recommandés à la société et qu'elle a employés elle-même avec un succès merveilleux, dans l'ordre surnaturel, se trouve l'*association*. Il est bon de rappeler, en effet, que l'Eglise a vu naître et a béni, depuis dix-huit siècles, une multitude d'ordres religieux ou de congrégations, qui ont accompli souvent des œuvres prodigieuses, sans jamais compromettre l'unité catholique : loin de là. L'unité essentielle a été rendue d'autant plus belle et d'autant plus forte que la variété des ordres religieux était plus grande et que leurs buts particuliers étaient plus divers et mieux obtenus. Or ce droit d'association, que l'Eglise a consacré pour elle-même, elle le sanctionne aussi au point de vue social et économique : de là les confréries de métiers, les corporations, qui furent si florissantes au moyen âge. En les détruisant, la Révolution, qui se flattait de proclamer tous les droits de l'homme, a précisément nié l'un des plus essentiels, celui qui garantit le mieux peut-être la liberté individuelle. L'Eglise, au contraire, a toujours revendiqué, pour tous ses enfants et pour tous les hommes, le droit de s'associer avec ses semblables en vue de toute fin honnête qui s'harmonise avec le bien public ; l'Encyclique en contient une nouvelle et invincible justification : « De ce que les sociétés privées n'ont d'existence qu'au sein de la société civile, dont elles sont comme autant de parties, il ne suit pas, à ne parler qu'en général et à ne considérer qne leur nature, qu'il soit au pouvoir de l'Etat de leur dénier l'existence. Le droit à l'existence leur a été octroyé par la nature elle-même, et la société civile a été instituée pour protéger le droit naturel, non pour l'anéantir. C'est pourquoi une société civile qui interdirait les sociétés privées s'attaquerait elle-même, puisque toutes les sociétés, publiques et privées, tirent leur origine d'un même principe, la naturelle sociabilité de l'homme. »

L'Eglise ne condamne que les sociétés mauvaises, tyran-

qui lui incombe, et cela sans délai, de peur qu'en différant le remède, on ne rende incurable un mal déjà si grand. »

niques, parmi lesquelles les sociétés secrètes, parce qu'elles sont nuisibles à la société; les pouvoirs publics ont donc le droit de dissoudre ou d'empêcher toute société qui, en vertu même de ses statuts organiques, poursuivrait « une fin en opposition flagrante avec la probité, avec la justice, avec la sécurité de l'Etat... Mais encore faut-il qu'en tout cela ils n'agissent qu'avec une très grande circonspection, pour éviter d'empiéter sur les droits des citoyens et de statuer, sous couleur d'utilité publique, qnelque chose qui serait désavoué par la raison. »

Tel est le respect que l'Eglise a pour le droit d'association. Nous sommes loin, on le voit, de l'erreur et de l'injustice commises par la Révolution et renouvelées par les pouvoirs qui l'ont suivie ; sous le prétexte de ne pas attenter à la liberté individuelle, on a laissé les faibles à la merci des forts, on a posé tous les principes de cet individualisme et de ce libéralisme économique qui nous précipiteront dans le socialisme, si le régime d'ordre et de liberté véritable que l'Eglise indique ne parvient pas à s'organiser.

12° Ce régime, qu'on peut qualifier de *corporatif*, rappellerait celui d'autrefois, mais en évitant certains abus, que personne aujourd'hui ne songe à nier ou à dissimuler, et en s'adaptant à tous les besoins des temps présents. On conçoit que les associations professionnelles ne puissent se constituer tout d'un coup, encore moins arriver immédiatement à leur perfection ; mais leur nécessité s'impose, et l'importance du rôle qu'elles sont appelées à remplir est évidente. Sans chercher à déterminer les formes particulières qu'elles peuvent revêtir, Léon XIII a marqué les conditions générales de leur existence et de leur prospérité ; il a signalé aussi les principaux services qu'on peut en attendre : « Nous voulons, dit-il, exposer ici leur opportunité et leur droit à l'existence, et indiquer comment elles doivent s'organiser et quel doit être leur programme d'action. » Relativement à ces derniers points, voici ce que l'Encyclique déclare : « Que l'Etat protège ces sociétés fondées selon le droit; que toutefois il ne s'immisce point dans leur gouvernement intérieur, et ne touche point aux

ressorts intimes qui lui donnent la vie ; car le mouvement
vital procède essentiellement d'un principe intérieur et
s'éteint très facilement sous l'action d'une cause externe.

« A ces corporations il faut évidemment, pour qu'il y ait
unité d'action et accord des volontés, une organisation et
une discipline sage et prudente. Si donc, comme il est certain, les citoyens sont libres de s'associer, ils doivent l'être
également de se donner les statuts et règlements qui leur
paraissent les plus appropriés au but qu'ils poursuivent.
Quels doivent être ces statuts et règlements ? Nous ne
croyons pas qu'on puisse donner de règles certaines et pré-
cises pour en déterminer le détail ; tout dépend du génie de
chaque nation, des essais tentés et de l'expérience acquise,
du genre du travail, de l'étendue du commerce et d'autres
circonstances de choses et de temps qu'il faut peser avec
maturité. Tout ce qu'on peut dire en général, c'est qu'on
doit prendre pour règle universelle et constante, d'organiser et gouverner les corporations de façon qu'elles fournis-
sent à chacun de leurs membres les moyens propres à lui faire
atteindre, par la voie la plus commode et la plus courte, le but
qu'il se propose, et qui consiste dans l'accroissement le plus
grand possible des biens du corps, de l'esprit, de la fortune. »
Le pape insiste ensuite sur le perfectionnement moral
des membres, qui doit être recherché avant tout par les
corporations chrétiennes ; puis, venant aux services économiques qu'elles sont appelées à rendre, il ajoute : « Que les
droits et les devoirs des patrons soient parfaitement conci-
liés avec les droits et les devoirs des ouvriers. Afin de parer
aux réclamations éventuelles qui s'élèveraient dans l'une
ou l'autre classe au sujet de droits lésés, il serait très dési-
rable que les statuts mêmes chargeassent des hommes prudents et intègres, tirés de son sein, de régler le litige en
qualité d'arbitres. Il faut encore pourvoir d'une manière
toute spéciale à ce qu'en aucun temps l'ouvrier ne manque
de travail, et qu'il y ait un fonds de réserve destiné à faire
face, non seulement aux accidents soudains et fortuits insé-
parables du travail industriel, mais encore à la maladie, à
la vieillesse et aux coups de la mauvaise fortune. »

Ainsi donc, concilier les droits respectifs des patrons et des ouvriers, c'est-à-dire déterminer, en particulier, le salaire le plus équitable ; régler les différents pacifiquement, par le moyen de l'arbitrage, et non violemment par des grèves, qui sont de véritables guerres et supposent ou entraînent les mêmes injustices ; prévenir les chômages, créer des caisses de secours en cas d'accident et de maladie, créer des caisses de retraite pour la vieillesse : tels sont quelques-uns des services éminents qu'on peut attendre des corporations. On comprend dès lors que le pape insiste si vivement sur l'opportunité de leur rétablissement ; on comprend qu'il les regarde comme tenant la première place entre les œuvres ouvrières, et même comme les résumant toutes ; on s'explique enfin qu'elles soient le meilleur préservatif contre le socialisme, en même temps que le meilleur remède contre l'individualisme, qui écrase les faibles et allume la guerre entre les classes.

En attendant qu'elles puissent se constituer parfaitement, il faut préparer leur organisation, en créant des syndicats mixtes ou même, si l'on ne peut faire mieux, des syndicats distincts d'ouvriers ou de patrons ; s'ils sont animés de l'esprit chrétien, ces syndicats ne tarderont pas à se concerter pour former des associations professionnelles plus complètes, de véritables corporations, que l'Etat devra reconnaître et protéger, et qui auront, dès lors, une pleine existence légale, leurs statuts et leurs biens. On peut même croire que ce régime corporatif amènerait, avec lui, la juste représentation des intérêts dans le parlement et contribuerait à nous rendre la sagesse et la stabilité politiques, en même temps que la paix et la prospérité économiques.

Car le principe de l'association est très fécond, et l'on peut en espérer tous ces fruits. Pour le moment, il faut l'affirmer hautement, il faut s'appliquer à le défendre, à le faire rentrer dans notre législation, dans nos mœurs, et à tirer ses premières conséquences.

Il faut insister d'autant mieux sur ce point que le principe et l'opportunité des corporations sont encore niés par les partisans de l'individualisme et du libéralisme, même par des catholiques. Mais, de plus en plus, il sera impossible aux économistes chrétiens, qui s'inspirent de l'Eglise, de chercher la solution du problème économique et social en dehors de ce principe : depuis l'Encyclique, il fait partie évidemment de l'économie politique chrétienne. Le nier serait donc une grave erreur ; en révoquer en doute l'efficacité serait bien téméraire. Qu'on relise les dernières pages de l'Encyclique, qu'on pèse avec soin les approbations et les encouragements que le Saint-Père accorde d'un cœur si paternel aux promoteurs chrétiens des syndicats et autres associations économiques, et l'on ne pourra davantage rester dans le doute.

Telles sont donc les doctrines de l'Eglise que nous avons cru pouvoir qualifier de principes de l'économie politique chrétienne. Ils se résument en ces quelques points : droit d'association et création de corporations adaptées aux besoins de notre temps ; — soutien des petits patrimoines ; — protection des faibles ; — respect des droits essentiels des individus et des familles ; — juste rôle et juste intervention de l'Etat ; — répression des monopoles, des accaparements, des spéculations malhonnêtes, de la concurrence effrénée ; — condamnation de l'usure ouverte ou dissimulée ; — limitation morale de la loi de l'offre et de la demande ; — droit de l'homme sur son travail et nécessité de reconnaître un minimum de salaire.

IV

Sommaire : En résumé l'Eglise condamne également le libéralisme et le socialisme. — L'idéal de l'économie politique chrétienne et l'idéal ou la perspective de l'économie politique darwinienne. — L'idéal économique suppose l'idéal moral. Différences et rapports. — La question sociale est une question morale et une question économique : elle sera résolue par une double méthode, religieuse et économique, par la charité dans la justice et la justice dans la charité.

En résumé, dans toutes ces matières si complexes et si discutées de l'économie politique, l'Eglise condamne invariablement et avec la même sévérité deux erreurs également antichrétiennes, opposées entre elles, mais qui conduisent l'une et l'autre à l'écrasement des faibles et à l'avilissement des consciences : d'une part le libéralisme ou l'individualisme, qui exagère les droits de l'individu ; et d'autre part le socialisme, qui exagère les droits de la collectivité ou de l'Etat. L'Eglise réprouve, au contraire, et les abus de la liberté individuelle et les abus du pouvoir ; elle seule concilie très bien la liberté et l'autorité, c'est-à-dire en définitive le *droit* et le *devoir*.

C'est que, à ses yeux, le droit et le devoir sont les deux faces d'une même loi, la *loi de l'ordre*, qui achemine providentiellement les hommes vers un *idéal* de perfection temporelle, qui prépare la glorification future.

Nous avons nommé l'idéal. Il éclaire, en effet, et dirige l'économie politique chrétienne, qui se distingue en cela encore des sciences naturelles, sciences de faits et d'observations. L'économie politique, au contraire, de même que les autres sciences sociales ou morales, et de même que les autres arts, ne se renferme pas dans les faits et dans l'histoire ; elle les étudie pour tendre à un but, à une perfection toujours plus belle que la réalité.

On peut voir ce but indiqué et proposé au zèle des dépositaires du pouvoir, dans ce passage de l'Encyclique : « Les gouvernements, dit Léon XIII, doivent faire en sorte que de l'organisation et du gouvernement de la société découle spontanément et sans effort la *prospérité tant publique que privée.* »

En quoi consiste maintenant cette prospérité, publique et privée, toujours plus grande si c'est possible, en un mot *idéale* (car l'humanité ne peut s'arrêter dans sa marche), il est facile de le comprendre. Dans une société parfaite au point de vue économique, les biens extérieurs seraient toujours suffisants, abondants même, et convenablement répartis selon toutes les règles de la justice et de l'équité ; tous les membres obtiendraient honnêtement ce qui est nécessaire et convenable à leur existence et à l'exercice des vertus de leur état ; on n'y verrait donc pas des affamés mourant de privations, alors que d'autres meurent d'excès de tout genre; des infortunés sans feu ni lieu, alors que de somptueux hôtels sont vides de leurs habitants et que les magasins regorgent de tout ce qui est nécessaire à la vie et manquent d'acheteurs. Mais chacun jouirait des avantages que lui vaudrait son travail ou une fortune légitimement acquise, ou le bienfait d'associations de prévoyance.

On voudra bien remarquer ici que cet idéal chrétien, synonyme d'ordre, de paix et d'harmonie, est incompatible avec l'idéal, disons plutôt avec la perspective de l'économie politique évolutionniste ou darwinienne. Selon les évolutionnistes, auxquels les économistes libéraux, s'ils sont logiques, sont obligés de donner la main, l'humanité s'améliore et s'enrichit par la sélection naturelle, par la lutte pour l'existence, par une liberté sauvage et une concurrence effrénée, en vertu desquelles les faibles succombent fatalement et jonchent de leurs cadavres le chemin sanglant du progrès. Les évolutionnistes conséquents vont jusqu'à dire qu'une sage philanthropie ne doit pas hésiter à délaisser les faibles, qui attardent l'humanité dans sa marche en avant. Ils sont, en effet, sacrifiés par la nature elle-même, qui réserve ses bienfaits pour des générations à venir et meilleures (1): la vraie bienfaisance humanitaire consisterait donc ici comme toujours à agir selon les prétendues lois naturelles de l'économie politique et non pas contre elles !..

Flétrissons en passant cette théorie immorale et révoltante, et ne soyons pas dupes de ces misérables sophismes, qui n'ont de scientifique que l'apparence.

Tout autre est l'idéal chrétien. Il ne sacrifie personne : mais il oblige à soutenir ou à relever, d'abord au nom de la justice, et si la justice ne suffit plus ou ne suffit pas encore, au nom de la charité, toute créature humaine qui chan-

---

(1) M. Spencer a osé écrire ces paroles qui font d'autant plus d'honneur à sa sincérité et à sa logique qu'elles répugnent davantage à la douceur de son caractère : « La pauvreté des incapables, la détresse des imprudents, le dénuement des paresseux, cet écrasement des faibles par les forts, qui laisse un si grand nombre dans les bas-fonds de la misère, sont les décrets d'une bienveillance immense et prévoyante. » (*L'individu contre l'État.*)

celle ou qui succombe : *Mandavit unicuique de proximo suo.*

On voit dès lors que l'idéal économique implique l'idéal moral : une société parfaite au point de vue économique suppose une société non moins parfaite au point de vue des mœurs et des vertus sociales. Si donc il n'y avait plus de misère en ce monde, ce serait qu'il n'y aurait plus de vice.

Or cela prouve encore une fois ce que nous nous étions proposé de démontrer en premier lieu, savoir, que l'économie politique est subordonnée à la morale et en dépend toujours : pas d'économiste donc qui ne doive être moraliste.

Et toutefois il ne faudrait pas conclure de cette alliance que la question économique est toute morale et que par conséquent la morale peut suffire à la résoudre ; car l'économie politique a encore d'autres bases et d'autres conditions que la morale, comme nous l'avons assez vu. On peut supposer, théoriquement, une société vertueuse, composée d'une moitié de riches charitables et d'une moitié de pauvres toujours résignés et toujours assistés ; ou bien encore une société vertueuse, mais réduite à la famine par des guerres ou d'autres calamités, semblable à une armée héroïque, mais vaincue et succombant malgré sa gloire. Or qui ne voit que la situation économique de pareilles sociétés serait déplorable ? Une société peut être riche moralement et pauvre économiquement. Il peut arriver aussi qu'elle ait moins de vertu que de richesse. Mais il est évident que la richesse morale amène naturellement à sa suite l'abondance ou du moins une certaine aisance, compagne du travail et de l'économie ; la pauvreté morale, au contraire, entraîne la ruine économique, pour les sociétés comme pour les individus.

Quant à dire que l'économie politique n'est pas fondée sur la morale, mais que c'est la morale qui est fondée sur l'économie politique, si bien que la société deviendrait naturellement morale à mesure qu'elle s'enrichirait, c'est là une absurdité soutenue plus ou moins franchement par des matérialistes ou des spiritualistes inconséquents, qu'il est inutile de réfuter ici. Pas plus que l'instruction, la richesse ne suffit à moraliser la société : sans la religion, elle la déprave.

Revenons donc à nos conclusions. L'économie politique est distincte de la morale quoique associée à la morale et toujours dépendante d'elle. Comme la morale encore elle a son idéal ; et il le faut bien. On ne peut nier, en effet, que la morale tout entière soit réglée par un idéal de vertu parfaite, qui, hormis de divins modèles, ne sera jamais réalisé ici-bas, mais que le moraliste cependant doit définir, décrire et ne jamais perdre de vue : c'est comme l'étoile polaire sur laquelle il s'oriente sans prétendre pour cela perdre terre et s'élever jusqu'aux astres. De même l'économiste chrétien doit s'éclairer d'un idéal économique, qui consiste, comme nous l'avons vu, dans le bien-être général tel que le procurerait au sein d'une société prospère la pratique de toutes les vertus, en particulier de la justice et de l'équité. Mais cet idéal se subordonne lui-même à un idéal supérieur, celui de la morale, qui est fait de toutes les vertus et particulièrement de la charité.

Plus qu'un dernier mot. La question économique et la question morale composent à elles deux toute la question sociale, qui menace de se résoudre d'une manière injuste et violente. Or le Saint-Père a fait un appel solennel à tous les catholiques pour la résoudre d'une manière juste et pacifique. Le malheur est que quelques-uns paraissent ne vouloir tenter la solution redoutable que par la morale et la satisfaction des intérêts religieux ; les autres, par l'économie politique et la satisfaction des intérêts matériels. Ils oublient, les uns et les autres, que Jésus-Christ guérissait les âmes en guérissant les corps, et qu'après avoir prodigué le pain de la parole à la foule avide de l'entendre, il la rassasiait encore en multipliant quelques pains et quelques poissons. Eh bien, que les catholiques, dociles à la voix du Saint-Père, emploient simultanément ces deux méthodes, que l'on peut appeler la méthode religieuse et la méthode économique. Chacune employée exclusivement serait une erreur et partant inefficace. Car la charité, qui se déroberait aux devoirs sociaux envers le prochain, et tout d'abord aux devoirs de justice et d'équité, serait illusoire (1); et la justice qui prétendrait suffire à tout sans la charité ne serait pas moins mensongère (2).

Ces deux mots doivent donc résumer tous nos efforts : la charité dans la justice et la justice dans la charité.

(1) « Toutefois, il n'est pas douteux que pour obtenir le résultat voulu, il ne faille de plus recourir aux moyens humains. » — « Nous sommes persuadé, et tout le monde en convient, qu'il faut, par des mesures promptes et efficaces, venir en aide aux hommes des classes inférieures, attendu qu'ils sont pour la plupart dans une situation d'infortune et de misère imméritée. » (Encycl.)

(2) « La question qui s'agite est d'une nature telle, qu'à moins de faire appel à la religion et à l'Eglise, il est impossible de lui trouver jamais une solution efficace. Assurément, une cause de cette gravité demande encore d'autres agents, leur part d'activité et d'efforts, Nous voulons parler des gouvernants, des maîtres et des riches, des ouvriers eux-mêmes, dont le sort est ici en jeu. Mais ce que Nous affirmons sans hésitation, c'est l'inanité de leur action en dehors de celle de l'Eglise. C'est l'Eglise, en effet, qui puise dans l'Evangile des doctrines capables soit de mettre fin au conflit, soit au moins de l'adoucir, en lui enlevant tout ce qu'il a d'âpreté et d'aigreur; l'Eglise, qui ne se contente pas d'éclairer l'esprit de ses enseignements, mais s'efforce encore de régler en conséquence la vie et les mœurs d'un chacun; l'Eglise, qui, par une foule d'institutions éminemment bienfaisantes, tend à améliorer le sort des classes pauvres... » — « Puisque la religion seule, comme Nous l'avons dit dès le début, est capable de détruire le mal dans sa racine, que tous se rappellent que la première condition à réaliser, c'est la restauration des mœurs chrétiennes, sans lesquelles même les moyens suggérés par la prudence humaine comme les plus efficaces seront peu aptes à produire de salutaires résultats. » — « C'est, en effet, d'une abondante effusion de charité qu'il faut principalement attendre le salut. » (Encycl.)

Lyon. — Imprimerie Emmanuel Vitte, rue Condé, 30.